Sabor Español

Recetas Tradicionales que Encantan

Isabel Morales

TABLA DE CONTENIDO

ESTOFADO DE VEGETALES

INGREDIENTES

150 g de jamón serrano cortado en cubitos

150 g de judías verdes

150 g de coliflor

150 g de guisantes

150 g de habas

2 cucharadas de harina

3 alcachofas

2 huevos duros

2 zanahorias

1 cebolla

1 diente de ajo

1 limon

Aceite de oliva

Sal

ELABORACIÓN

Limpiar las alcachofas desechando sus hojas exteriores y puntas. Cocine en agua hirviendo hasta que estén tiernos con 1 cucharada de harina y jugo de limón. Refrescar y reservar.

Pelar y cortar las zanahorias en trozos medianos. Quita los hilos y las puntas de los frijoles y córtalos en 3 partes. Saca los floretes de la coliflor. Hierva agua y cocine cada verdura por separado hasta que esté blanda. Refrescar y reservar.

Reducir a la mitad el caldo de cocción de verduras (excepto el caldo de alcachofas).

Picar finamente la cebolla y el ajo. Pochar durante 10 minutos junto con el jamón serrano cortado en dados. Agrega la otra cucharada de harina y sofríe por 2 minutos más. Añade 150 ml del caldo de verduras. Retirar y cocinar 5 min. Añade las verduras y los huevos duros cortados en cuartos. Cocer 2 min y rectificar de sal.

TRUCO

Las verduras hay que cocinarlas por separado porque no tienen el mismo tiempo de cocción.

Acelgas Caseras

INGREDIENTES

1 ¼ **kg de acelgas**

750 **g de patatas**

3 **dientes de ajo**

2 **dl de aceite de oliva**

Sal

ELABORACIÓN

Lavar las acelgas y cortar las hojas en trozos grandes. Pelar las hojas y cortarlas en palitos. Cuece las hojas y los tallos en agua hirviendo con sal durante 5 minutos. Refrescar, escurrir y reservar.

Cuece las patatas peladas y cacheladas durante 20 minutos en la misma agua. Escurrir y reservar.

Dorar en aceite los ajos pelados y fileteados. Agrega las pencas, las hojas, las patatas y sofríe durante 2 min. Ajustar de sal.

TRUCO

Las pencas se pueden utilizar para rellenarlas de jamón y queso. Luego se rebozan y se fríen.

TARTA DE CALABACÍN Y SALMÓN

INGREDIENTES

400 **g de calabacines**

200 **g de salmón fresco (sin espinas)**

750 **ml de nata**

6 **huevos**

1 **cebolla**

Aceite de oliva

Sal y pimienta

ELABORACIÓN

Picar finamente la cebolla y pocharla en un poco de aceite. Corta los calabacines en cubos pequeños y agrégalos a la cebolla. Escalfar a fuego medio 10 min.

Tritura y añade ½ litro de nata y 4 huevos hasta obtener una masa fina.

Colocar en moldes individuales previamente engrasados y enharinados y hornear a 170 ºC al baño maría durante unos 10 min.

Mientras tanto, dorar ligeramente el salmón cortado en dados en un poco de aceite. Sazona y licúa junto con el resto de la nata y 2 huevos. Agrega encima del pastel de calabacín. Continúe horneando por otros 20 minutos o hasta que esté bien cuajado.

TRUCO

Servir caliente acompañado de una mayonesa previamente triturada con unas hebras de azafrán tostado.

ALCACHOFAS CON SETAS Y PARMESANO

INGREDIENTES

1 ½ kg de alcachofas

200 g de champiñones

50 g de queso parmesano

1 vaso de vino blanco

3 tomates grandes

1 cebolla tierna

1 limon

Aceite de oliva

Sal y pimienta

ELABORACIÓN

Pelar las alcachofas, quitarles el tallo, las hojas exteriores duras y la punta. Cortar en cuatro y frotar con el limón para evitar que se oxiden. Reservar.

Saltear lentamente la cebolla picada en trozos pequeños. Sube el fuego y añade los champiñones limpios y cortados en rodajas. Cocine 3 min. Vierte el vino y añade los tomates rallados y las alcachofas. Tapar y cocinar 10 min. o hasta que las alcachofas estén tiernas y la salsa espese.

Emplatar, salsear y espolvorear con parmesano.

TRUCO

Otra forma de evitar la oxidación de las alcachofas es sumergirlas en agua fría con abundante perejil fresco.

BERENJENAS MARINADAS

INGREDIENTES

2 berenjenas grandes

3 cucharadas de jugo de limón

3 cucharadas de perejil fresco picado

2 cucharadas de ajo picado

1 cucharada de comino molido

1 cucharada de canela

1 cucharada de pimentón picante

Aceite de oliva

Sal

ELABORACIÓN

Cortar las berenjenas en rodajas a lo largo. Espolvorear con sal y dejar sobre papel de cocina 30 min. Enjuagar con abundante agua y reservar.

Echa un chorrito de aceite y sal encima de las rodajas de berenjena y hornea durante 25 minutos a 175ºC.

Combina el resto de los ingredientes en un bol. Agrega las berenjenas a la mezcla y revuelve. Tapar y reservar en el frigorífico durante 2 horas.

TRUCO

Para que las berenjenas pierdan su amargor también se pueden sumergir en leche con un poco de sal durante 20 minutos.

Revuelto de Habichuelas con Jamón SERRANO

INGREDIENTES

1 **bote de habitas baby en aceite**

2 **dientes de ajo**

4 **lonchas de jamón serrano**

1 **cebolla tierna**

2 **huevos**

Sal y pimienta

ELABORACIÓN

Escurrir el aceite de las habas en una sartén. Dorar la cebolla cortada en trozos pequeños, los ajos laminados y el jamón cortado en tiras finas. Sube el fuego, añade las habas y sofríe durante 3 min.

Aparte batir los huevos y sazonar con sal. Vierta los huevos sobre las habas y cuaje ligeramente, revolviendo constantemente.

TRUCO

Añade un poco de nata o leche a los huevos batidos para que queden más suaves.

TRINXAT

INGREDIENTES

1 **kg de repollo**

1 **kg de patatas**

100 **g de tocino**

5 **dientes de ajo**

Aceite de oliva

Sal

ELABORACIÓN

Pelar, lavar la col y cortarla en rodajas finas. Pelar y cortar las patatas en cuartos. Cocina todo junto durante 25 min. Retirar y triturar en caliente con un tenedor hasta obtener un puré.

Saltear en una sartén el ajo picado y el tocino cortado en tiras. Agrega a la masa de papa anterior y dora durante 3 minutos por cada lado como si fuera una tortilla de papa.

TRUCO

La col debe quedar bien escurrida después de la cocción, de lo contrario el trinxat no se dorará bien.

BRÓCOLI GRATINADO CON TOCINO Y SALSA AURORA

INGREDIENTES

150 g de tocino en tiras

1 brócoli grande

Salsa Aurora (ver apartado Caldos y Salsas)

Aceite de oliva

Sal y pimienta

ELABORACIÓN

Freír bien las tiras de tocino en una sartén y reservar.

Divide el brócoli en manojos y cocina en abundante agua con sal durante 10 minutos o hasta que esté tierno. Escurrir y poner en una bandeja para horno.

Pon el tocino encima del brócoli, luego la salsa aurora y gratina a temperatura máxima hasta que esté dorado.

TRUCO

Para minimizar el olor a brócoli, añade un buen chorrito de vinagre al agua de cocción.

CARDO CON GAMBAS Y ALMEJAS EN SALSA VERDE

INGREDIENTES

500 g de cardos cocidos

2 dl de vino blanco

2 dl de caldo de pescado

2 cucharadas de perejil fresco picado

1 cucharada de harina

20 almejas

4 dientes de ajo

1 cebolla

Aceite de oliva

Sal

ELABORACIÓN

Cortar la cebolla y el ajo en trozos pequeños. Saltear lentamente durante 15 min con 2 cucharadas de aceite.

Agrega la harina y cocina por 2 minutos, revolviendo constantemente. Sube el fuego, vierte el vino y deja que se reduzca por completo.

Humedecer con el fumet y cocinar durante 10 minutos a fuego lento, revolviendo constantemente. Agrega el perejil y sazona con sal.

Añadimos las almejas y los cardos previamente purgados. Tapar y cocinar 1 minuto hasta que se abran las almejas.

TRUCO

No cocines demasiado el perejil para que no pierda su color y se ponga marrón.

CEBOLLA CARAMELIZADA

INGREDIENTES

2 cebollas grandes

2 cucharadas de azúcar

1 cucharadita de vinagre de Módena o Jerez

ELABORACIÓN

Freír lentamente las cebollas cortadas en juliana, tapadas, hasta que estén transparentes.

Destape y cocine hasta que se doren. Agrega el azúcar y cocina por 15 minutos más. Bañar con el vinagre y cocinar otros 5 min.

TRUCO

Para hacer una tortilla con esta cantidad de cebolla caramelizada utilizamos 800 g de patatas y 6 huevos.

SETAS RELLENAS CON JAMÓN SERRANO Y SALSA PESTO

INGREDIENTES

500 g de champiñones frescos

150 gramos de jamón serrano

1 cebolleta finamente picada

Salsa pesto (ver sección Caldos y Salsas)

ELABORACIÓN

Picar finamente la cebolla y el jamón. Dorarlos lentamente 10 min. Déjalos enfriar.

Limpiar y quitar el tronco de las setas. Saltearlos en una sartén boca abajo durante 5 min.

Rellenar las setas con el jamón y la cebolleta, poner un poco de salsa pesto por encima y hornear a 200ºC durante unos 5 minutos.

TRUCO

No es necesario añadir sal, ya que la salsa de jamón y pesto queda un poco salada.

COLIFLOR CON AJOARRIERO

INGREDIENTES

1 **coliflor grande**

1 **cucharada de pimentón dulce**

1 **cucharada de vinagre**

2 **dientes de ajo**

8 **cucharadas de aceite de oliva**

Sal

ELABORACIÓN

Divide la coliflor en manojos y cocina en abundante agua con sal durante 10 minutos o hasta que esté cocida.

Filetear los ajos y dorar en el aceite. Retiramos la sartén del fuego y añadimos el pimentón. Cocina por 5 segundos y agrega el vinagre. Sazonar con sal y salsa con el sofrito.

TRUCO

Para que la coliflor huela menos al cocerse, añade 1 vaso de leche al agua.

COLIFLOR RALLADA

INGREDIENTES

100 **g de parmesano rallado**

1 **coliflor grande**

2 **yemas de huevo**

Salsa bechamel (ver apartado Caldos y Salsas)

ELABORACIÓN

Divide la coliflor en manojos y cocina en abundante agua con sal durante 10 minutos o hasta que esté cocida.

Añade a la salsa bechamel (una vez retirada del fuego) mientras bates las yemas y el queso.

Pon la coliflor en un recipiente para horno y rocía con la salsa bechamel. Asar a temperatura máxima hasta que la superficie esté dorada.

TRUCO

Cuando a la bechamel se le añade queso rallado y yemas de huevo, se convierte en una nueva salsa llamada Mornay.

DUXELLE

INGREDIENTES

500 **g de champiñones**

100 **g de mantequilla**

100 **g de cebolletas (o cebollas)**

Sal y pimienta

ELABORACIÓN

Limpiar y cortar las setas en trozos lo más pequeños posible.

Saltear en la mantequilla las cebollas cortadas en trozos muy pequeños y añadir los champiñones. Saltear hasta que el líquido se pierda por completo. Estación.

TRUCO

Puede ser un acompañamiento perfecto, un relleno o incluso un primer plato. Duxelle de champiñones con huevos escalfados, pechugas de pollo rellenas de duxelle, etc.

ENDIBIAS CON SALMÓN AHUMADO Y CABRALES

INGREDIENTES

200g **de nata**

150 **g de salmón ahumado**

100 **g de queso Cabrales**

50 **g de nueces sin cáscara**

6 **yemas de escarola**

Sal y pimienta

ELABORACIÓN

Pela las endibias, lávalas bien con agua fría y sumérgelas en agua helada durante 15 minutos.

Mezclar en un bol el queso, el salmón cortado en tiras, las nueces, la nata, la sal y la pimienta, y rellenar las endibias con esta salsa.

TRUCO

Enjuagar las endibias con agua fría y sumergirlas en agua helada ayuda a eliminar su amargor.

LOMBARDA SEGOVIA

INGREDIENTES

40 **g de piñones**

40 **g de pasas**

1 **cucharada de pimentón**

3 **dientes de ajo**

1 **col lombarda**

1 **manzana reineta**

Aceite de oliva

Sal

ELABORACIÓN

Retire el tallo central y las hojas exteriores de la col lombarda y córtela en juliana. Descorazona la manzana sin quitarle la piel y córtala en cuartos. Cuece la col lombarda, las pasas y la manzana durante 90 min. Escurrir y reservar.

Cortar los ajos en rodajas y dorarlos en una sartén. Añade los piñones y tuéstalos. Añadimos el pimentón y añadimos la col lombarda con las pasas y la manzana. Saltear durante 5 min.

TRUCO

Para evitar que la lombarda pierda color, empezamos a cocinar con agua hirviendo y añadimos un chorrito de vinagre.

ENSALADA DE PIMIENTOS ASADOS

INGREDIENTES

3 **tomates**

2 **berenjenas**

2 **cebollas**

1 **pimiento rojo**

1 **cabeza de ajo**

Vinagre (opcional)

aceite de oliva virgen extra

Sal

ELABORACIÓN

Precalentar el horno a 170ºC.

Lavar las berenjenas, el pimiento y los tomates, y pelar las cebollas. Coloca todas las verduras en una bandeja de horno y espolvorea con un generoso chorro de aceite. Ase durante 1 hora, volteándolo ocasionalmente para que se ase de manera uniforme. Sacar como se hacen.

Dejar enfriar el pimiento, quitarle la piel y las semillas. Cortar en juliana el pimiento, la cebolla y las berenjenas también sin semillas. Retirar, presionando ligeramente, los dientes de ajo de la cabeza asada.

Mezclar todas las verduras en un bol, sazonar con una pizca de sal y con el aceite del asado. También puedes añadir unas gotas de vinagre.

TRUCO

Es conveniente hacer unas incisiones en la piel de la berenjena y del tomate para que no revienten al asarse y así pelarlos más fácilmente.

GUISANTES FRANCESES

INGREDIENTES

850 g de guisantes limpios

250 g de cebollas

90 g de jamón serrano

90 gramos de mantequilla

1 litro de caldo de carne

1 cucharada de harina

1 lechuga limpia

Sal

ELABORACIÓN

Saltear en la mantequilla la cebolla cortada en trozos pequeños y el jamón cortado en dados. Agrega la harina y sofríe por 3 min.

Agrega el caldo y cocina por 15 minutos más, revolviendo ocasionalmente. Agrega los guisantes y cocina 10 min a fuego medio.

Agrega la juliana fina de lechuga y cocina otros 5 minutos. Pon una pizca de sal.

TRUCO

Cocine los guisantes sin tapar para que no se pongan grises. Agregar una pizca de azúcar durante la cocción realza el sabor de los guisantes.

CREMA DE ESPINACAS

INGREDIENTES

3/4 **libra de espinacas frescas**

45 **g de mantequilla**

45 **g de harina**

½ **litro de leche**

3 **dientes de ajo**

Nuez moscada

Aceite de oliva

Sal y pimienta

ELABORACIÓN

Hacer una bechamel con la mantequilla derretida y la harina. Saltee lentamente durante 5 minutos y agregue la leche, revolviendo constantemente. Cocine por 15 minutos y sazone con sal, pimienta y nuez moscada.

Hervir las espinacas en abundante agua con sal. Escurrir, enfriar y exprimir bien para que queden completamente secos.

Picar los ajos y sofreír en aceite durante 1 minuto. Agrega las espinacas y saltea a fuego medio durante 5 min.

Mezclar las espinacas con la bechamel y cocinar, revolviendo constantemente, por otros 5 minutos.

TRUCO

Acompaña unos triángulos tostados de pan de molde.

HABAS CON BUTIFARRA BLANCA

INGREDIENTES

1 **bote de habitas baby en aceite**

2 **dientes de ajo**

1 **salchicha blanca**

1 **cebolla tierna**

Aceite de oliva

Sal

ELABORACIÓN

Escurrir el aceite de las habas en una sartén. Dorar la cebolla y el ajo en trozos pequeños en ese aceite y añadir la salchicha picada.

Cocine durante 3 minutos hasta que esté ligeramente dorado. Subir el fuego, añadir las habas y sofreír otros 3 min. Pon una pizca de sal.

TRUCO

También se puede hacer con frijoles tiernos. Para ello, cocina en agua fría durante 15 minutos o hasta que estén tiernos. Refrescar con agua y hielo, y pelar. Luego, haz la receta de la misma forma.

JUDÍAS VERDES CON JAMÓN

INGREDIENTES

600 g de judías verdes

150 gramos de jamón serrano

1 cucharadita de pimentón

5 tomates

3 dientes de ajo

1 cebolla

Aceite de oliva

Sal

ELABORACIÓN

Retire los lados y las puntas de los frijoles y córtelos en trozos grandes. Cocine en agua hirviendo 12 min. Escurrir, enfriar y reservar.

Cortar la cebolla y el ajo en trozos pequeños. Pochar lentamente durante 10 minutos y añadir el jamón serrano. Saltear 5 min más. Añadimos el pimentón y los tomates rallados y sofreímos hasta que hayan perdido toda el agua.

Agrega las judías verdes a la salsa y cocina por 3 minutos más. Pon una pizca de sal.

TRUCO

Se puede sustituir el jamón serrano por chorizo.

ESTOFADO DE CORDERO

INGREDIENTES

450 g de carne de cordero

200 g de judías verdes

150 g de habas peladas

150 g de guisantes

2 litros de caldo de carne

2 dl de vino tinto

4 corazones de alcachofa

3 dientes de ajo

2 tomates grandes

2 patatas grandes

1 pimiento verde

1 pimiento rojo

1 cebolla

Aceite de oliva

Sal y pimienta

ELABORACIÓN

Picar, sazonar y dorar el cordero a fuego alto. Retirar y reservar.

Saltear lentamente en el mismo aceite el ajo y la cebolla cortados en trozos pequeños durante 10 minutos. Agrega los tomates rallados y cocina hasta que el agua se evapore por completo. Humedecer con el vino y dejar reducir. Vierte el caldo, agrega el cordero y cocina por 50 minutos o hasta que la carne esté suave. Estación.

Aparte, en otra cacerola, sofreímos los pimientos cortados en cubitos, los guisantes, las alcachofas en cuartos, las judías verdes cortadas en 8 trozos y las habas. Vierta el caldo de cocción del cordero y déjelo hervir lentamente durante 5 minutos. Agrega las patatas peladas y cortadas en cubitos. Cocine hasta que esté suave. Añade el cordero y un poco de su caldo de cocción.

TRUCO

Cocer los guisantes sin tapar para que su color no se vuelva grisáceo.

MILF DE BERENJENAS CON QUESO DE CABRA, MIEL Y CURRY

INGREDIENTES

200 g de queso de cabra

1 berenjena

Miel

Curry

Harina

Aceite de oliva

Sal

ELABORACIÓN

Cortar la berenjena en rodajas finas, ponerla sobre papel absorbente y salar por ambos lados. Déjalo reposar durante 20 min. Retirar el exceso de sal, harina y sofreír.

Cortar el queso en rodajas finas. Montar capas de berenjena y queso. Hornear 5 min a 160 ºC.

Emplatar y añadir 1 cucharadita de miel y una pizca de curry a cada rodaja de berenjena.

TRUCO

Cortando las berenjenas y dejándolas con sal se elimina todo el amargor.

TARTA DE ESPÁRRAGOS BLANCOS Y SALMÓN AHUMADO

INGREDIENTES

400 g de espárragos enlatados

200 g de salmón ahumado

½ litro de nata

4 huevos

Harina

Aceite de oliva

Sal y pimienta

ELABORACIÓN

Licúa todos los ingredientes hasta obtener una masa fina. Colar para evitar las hebras de espárragos.

Vierte en moldes individuales previamente engrasados y enharinados. Hornear a 170ºC durante 20 min. Se puede tomar frío o caliente.

TRUCO

Un acompañamiento perfecto es una mayonesa elaborada con hojas de albahaca fresca trituradas.

PIMIENTOS DEL PIQUILLO RELLENOS DE MORCILLA CON SALSA DE MOSTAZA DULCE

INGREDIENTES

125ml de crema

8 cucharadas de mostaza

2 cucharadas de azúcar

12 pimientos del piquillo

2 morcillas

Piñones

Harina y huevos (para rebozar)

Aceite de oliva

ELABORACIÓN

Desmenuza la morcilla y dórala junto con un puñado de piñones en una sartén caliente. Dejar enfriar y rellenar los pimientos. Pasarlas por harina y huevo y sofreírlas en abundante aceite.

Hervir la nata con la mostaza y el azúcar hasta que espese. Sirve los pimientos con la salsa picante.

TRUCO

Hay que sofreír los pimientos poco a poco y con el aceite bien caliente.

CARDO CON SALSA DE ALMENDRA

INGREDIENTES

900 **g de cardos cocidos**

75 **g de almendras granuladas**

50 **g de harina**

50 **gramos de mantequilla**

1 **litro de caldo de pollo**

1 **dl de vino blanco**

1**dl de nata**

1 **cucharada de perejil fresco picado**

2 **dientes de ajo**

2 **yemas de huevo**

1 **cebolla**

Aceite de oliva

Sal y pimienta

ELABORACIÓN

Saltear lentamente las almendras y la harina en la mantequilla durante 3 min. Vierte el caldo de pollo sin dejar de batir y cocina por 20 minutos más. Agrega la nata y fuera del fuego añade las yemas sin dejar de batir. Estación.

Aparte, sofreír en aceite la cebolla y el ajo cortados en cubitos pequeños. Añade los cardos, sube el fuego y moja con el vino. Deja que reduzca por completo.

Añade el caldo al cardo y sirve con perejil por encima.

TRUCO

No calentar demasiado la salsa una vez incorporadas las yemas para que no se cuajen y la salsa quede con grumos.

PISTÓ

INGREDIENTES

4 **tomates maduros**

2 **pimientos verdes**

2 **calabacines**

2 **cebollas**

1 **pimiento rojo**

2-3 **dientes de ajo**

1 **cucharadita de azúcar**

Aceite de oliva

Sal

ELABORACIÓN

Blanquear los tomates, quitarles la piel y picarlos en dados. Pelar y picar también las cebollas y los calabacines. Limpiar los pimientos de semillas y cortar la carne en cubos.

Dorar los ajos y la cebolla con un poco de aceite durante 2 min. Agrega los pimientos y continúa friendo por 5 minutos más. Añadimos los calabacines y pochamos un par de min más. Finalmente agrega los tomates y cocina hasta que pierdan toda su agua. Rectifica el azúcar y la sal, y lleva a ebullición.

TRUCO

Puedes utilizar tomate triturado enlatado o una buena salsa de tomate.

PUERROS CON VINAGRETA DE VERDURAS

INGREDIENTES

8 **puerros**

2 **dientes de ajo**

1 **pimiento verde**

1 **pimiento rojo**

1 **cebolla tierna**

1 **pepino**

12 **cucharadas de aceite**

4 **cucharadas de vinagre**

Sal y pimienta

ELABORACIÓN

Picar finamente los pimientos, la cebolleta, el ajo y el pepino. Mezclar con el aceite, vinagre, sal y pimienta. Remover.

Limpiar los puerros y cocerlos en agua hirviendo durante 15 min. Retirar, secar y cortar cada uno en 3 trozos. Emplatar y salsear con la vinagreta.

TRUCO

Hacer una vinagreta de tomate, cebolleta, alcaparras y aceitunas negras. Puerros gratinados con mozzarella y salsa. Delicioso.

QUICHE DE PUERRO, TOCINO Y QUESO

INGREDIENTES

200 g de queso manchego

1 litro de nata

8 huevos

6 puerros grandes limpios

1 paquete de tocino ahumado

1 paquete de hojaldre congelado

Harina

Aceite de oliva

Sal y pimienta

ELABORACIÓN

Engrasar y enharinar un molde y forrar con masa de hojaldre. Colocar encima papel de aluminio y verduras para evitar que suba y hornear durante 15 min a 185 ºC.

Mientras tanto, sofreímos lentamente los puerros finamente cortados. Añade el tocino también finamente dividido.

Combina los huevos batidos con la nata, los puerros, el bacon y el queso rallado. Sazona con sal y pimienta y pon esta mezcla encima del hojaldre y hornea a 165 ºC durante 45 min o hasta que cuaje.

TRUCO

Para comprobar que la quiche está cuajada, pincha el centro con una aguja. Si sale seco es señal de que el bizcocho está hecho.

TOMATES A LA PROVENZAL

INGREDIENTES

100 **g de pan rallado**

4 **tomates**

2 **dientes de ajo**

Perejil

Aceite de oliva

Sal y pimienta

ELABORACIÓN

Pelar y picar los ajos en trozos pequeños y mezclar con el pan rallado. Cortar los tomates por la mitad y quitarles las semillas.

Calentar aceite en una sartén y agregar los tomates con el lado cortado hacia abajo. Cuando la piel comience a levantarse en los bordes, dale la vuelta. Cocina 3 minutos más y colócalos en una fuente para horno.

Dorar la mezcla de pan y el ajo en la misma sartén. Una vez tostados, espolvorear sobre los tomates. Precalentar el horno a 180ºC y asar durante 10 minutos con cuidado de no secarlas.

TRUCO

Se suele consumir como guarnición, pero también como plato principal acompañado de mozzarella ligeramente horneada.

CEBOLLAS RELLENAS

INGREDIENTES

125 g de carne picada

125 g de tocino

2 cucharadas de salsa de tomate

2 cucharadas de pan rallado

4 cebollas grandes

1 huevo

Aceite de oliva

Sal y pimienta

ELABORACIÓN

Saltear el tocino cortado en cubitos y la carne picada con sal y pimienta hasta que pierda su color rosáceo. Agrega el tomate y cocina 1 minuto más.

Mezclar la carne con el huevo y el pan rallado.

Retire la primera capa de cebollas y sus bases. Cocine cubierto con agua durante 15 min. Secar, quitar el centro y rellenar con la carne. Hornear 15 min a 175 ºC.

TRUCO

Puedes hacer una salsa Mornay sustituyendo el agua de cocción de las cebollas por la mitad de la leche. Salsa por encima y gratina.

SETAS EN CREMA CON NUECES

INGREDIENTES

1 kg de champiñones mixtos

250ml de nata

125ml de brandy

2 dientes de ajo

nueces

Aceite de oliva

Sal y pimienta

ELABORACIÓN

Dorar los ajos fileteados en una cacerola. Sube el fuego y añade las setas limpias y cortadas en tiras. Saltear durante 3 min.

Humedecer con el brandy y dejar reducir. Vierta la nata y cocine a fuego lento durante 5 min más. Machacar un puñado de nueces en un mortero y verterlas encima.

TRUCO

Una buena opción son las setas cultivadas e incluso las deshidratadas.

TARTA DE TOMATE Y ALBAHACA

INGREDIENTES

½ **litro de nata**

8 **cucharadas de salsa de tomate** (ver sección Caldos y Salsas)

4 **huevos**

8 **hojas de albahaca fresca**

Harina

Aceite de oliva

Sal y pimienta

ELABORACIÓN

Licúa todos los ingredientes hasta obtener una pasta homogénea.

Precalentar el horno a 170ºC. Dividir en moldes individuales previamente enharinados y engrasados y hornear por 20 min.

TRUCO

Es una gran opción para aprovechar la salsa de tomate que sobró de otra receta.

GUISADO DE PATATAS CON POLLO AL CURRY

INGREDIENTES

1 kg de patatas

½ litro de caldo de pollo

2 pechugas de pollo

1 cucharada de curry

2 dientes de ajo

2 tomates

1 cebolla

1 hoja de laurel

Aceite de oliva

Sal y pimienta

ELABORACIÓN

Corta las pechugas en dados medianos. Sazonar y dorar en aceite caliente. Sacar y reservar.

Sofreír en el mismo aceite a fuego lento la cebolla y el ajo cortados en dados pequeños durante 10 minutos. Agrega el curry y sofríe un minuto más. Añade los tomates rallados, sube el fuego y cocina hasta que el tomate pierda toda su agua.

Pelar y pelar las patatas. Agréguelos a la salsa y cocine por 3 min. Bañar con el caldo y la hoja de laurel. Cocina a fuego lento hasta que la papa esté lista y sazona con sal y pimienta.

TRUCO

Saca un poco de caldo y un par de patatas y tritúralas con un tenedor hasta obtener un puré. Vuelva a colocarlo en el guiso y hierva durante 1 minuto, revolviendo constantemente. Esto espesará el caldo sin necesidad de harina.

HUEVOS DULCES

INGREDIENTES

8 **huevos**

Pan tostado

Sal y pimienta

ELABORACIÓN

Pon los huevos en una olla cubierta con agua fría y sal. Hervir hasta que el agua hierva un poco. Dejar al fuego 3 min.

Retire el huevo y enfríe en agua con hielo. Rompe con cuidado la capa superior como si fuera un sombrero. Sazona con sal y pimienta y acompaña con palitos de pan tostado.

TRUCO

Es importante durante el primer minuto que el huevo se mueva para que la yema quede en el centro.

PATATAS A LA IMPORTANCIA

INGREDIENTES

1 **kg de patatas**

¾ **l de caldo de pescado**

1 **vaso pequeño de vino blanco**

1 **cucharada de harina**

2 **dientes de ajo**

1 **cebolla**

Harina y huevo (para rebozar)

Perejil

Aceite de oliva

ELABORACIÓN

Pelar y cortar las patatas en rodajas no muy gruesas. Enharina y pasa por huevo. Freír y reservar.

Aparte pochar la cebolla y el ajo partidos en trozos pequeños. Agrega y sofríe la cucharada de harina y baña con el vino. Dejamos reducir hasta que esté casi seco y mojado con el fumet. Cocine 15 min a fuego lento. Sazona con sal y agrega el perejil.

Agrega las patatas a la salsa y cocina hasta que estén tiernas.

TRUCO

Puedes añadir unos trozos de rape o merluza y gambas.

HUEVOS DE MOLLET CON BOLETUS

INGREDIENTES

8 **huevos**

150 **g de boletus deshidratados**

50 **gramos de mantequilla**

50 **g de harina**

1 **dl de vino dulce**

2 **dientes de ajo**

Nuez moscada

Vinagre

Aceite

Sal y pimienta

ELABORACIÓN

Hidratar los boletus durante 1 hora aproximadamente en 1 litro de agua caliente. Mientras tanto, cuece los huevos en agua hirviendo con sal y vinagre durante 5 min. Retirar y refrescar inmediatamente en agua helada. Pelar con cuidado.

Colar los boletus y reservar el agua. Cortar los ajos en rodajas y dorarlos ligeramente en aceite. Añade los boletus y cocina durante 2 minutos a fuego alto. Sazona con sal y pimienta y baña con el vino dulce hasta que reduzca y la salsa quede seca.

Derretir la mantequilla con la harina en un cazo. Saltear a fuego lento durante 5 minutos sin dejar de remover. Echar el agua de la hidratación de los boletus. Cocine por 15 minutos a fuego lento, revolviendo constantemente. Sazone y agregue nuez moscada.

Emplatar poniendo en la base los boletus, luego los huevos y decorar con la salsa por encima.

TRUCO

El huevo de mollet debe quedar con la clara cuajada y la yema líquida.

BRAZO DE PATATA Y BLANCO

INGREDIENTES

1 kg de patatas

600 g de merlán deshuesado y sin piel

4 cucharadas de salsa de tomate

1 cebolla grande

2 dientes de ajo

1 hoja de laurel

brandy

Aceite de oliva

Sal y pimienta

ELABORACIÓN

Pelar las patatas, cortarlas en cuartos y cocerlas durante 30 minutos en agua con sal. Escurrirlas y pasarlas por el pasapurés. Extiende el puré sobre film transparente y reserva.

Picar finamente la cebolla y el ajo. Saltear a fuego medio durante 5 minutos y añadir la hoja de laurel y la pescadilla picada y sazonada. Pochar otros 5 minutos sin dejar de remover, humedecer con un chorrito de brandy y dejar reducir. Agrega la salsa de tomate y cocina un minuto más. Dejar enfriar.

Distribuir la pescadilla sobre la base de patata, envolver en forma de gitana y reservar en el frigorífico hasta el momento de servir.

TRUCO

Se puede elaborar con cualquier pescado fresco o congelado. Acompaña con salsa rosa o con alioli.

74

TORTILLA DE USO DE COCIDO (ROPA VIEJA)

75

INGREDIENTES

125 **g de pierna**

100 **g de gallina o pollo**

60 **g de col**

60 **gramos de tocino**

1 **cucharadita de pimentón**

3 **dientes de ajo**

1 **morcilla**

1 **salchicha**

1 **cebolla**

2 **cucharadas de aceite de oliva**

Sal

ELABORACIÓN

Picar la cebolla y el ajo en trozos pequeños. Saltear a fuego lento durante 10 min. Picar finamente las carnes cocidas y el repollo y añadirlo a la cebolla. Cocine a fuego medio hasta que las carnes estén doradas y tostadas.

Batir los huevos y agregarlos a las carnes. Ajustar de sal.

Calentar muy bien una sartén, agregar el aceite y cuajar la tortilla por ambos lados.

TRUCO

Acompaña con una buena salsa de tomate y comino.

PATATAS RELLENAS DE SALMÓN AHUMADO, TOCINO Y BERENJENAS

INGREDIENTES

4 **patatas medianas**

250 **g de tocino**

150 **g de queso parmesano**

200 **g de salmón ahumado**

½ **litro de nata**

1 **berenjena**

Aceite de oliva

Sal y pimienta

ELABORACIÓN

Lava bien las patatas y cocínalas con piel a fuego medio durante 25 min o hasta que estén tiernas. Escurrir, cortar por la mitad y vaciar dejando una capa ligera. Reserva las patatas enteras y vacíalas.

Dorar el tocino cortado en tiras finas en una sartén caliente. Retirar y reservar. Pochar la berenjena cortada en cubos pequeños en el mismo aceite durante 15 minutos o hasta que esté blanda.

Poner en un cazo las patatas escurridas, la berenjena escalfada, el bacon, el salmón cortado en tiras, el parmesano y la nata. Cocine por 5 minutos a fuego medio y sazone con sal y pimienta.

Rellenar las patatas con la mezcla anterior y gratinar a 180 ºC hasta que estén doradas.

TRUCO

Puedes hacer unas berenjenas con el mismo relleno.

CROQUETAS DE PATATA Y QUESO

INGREDIENTES

500 **g de patatas**

150 **g de parmesano rallado**

50 **gramos de mantequilla**

Harina, huevo y pan rallado (para rebozar)

2 **yemas de huevo**

Nuez moscada

Sal y pimienta

ELABORACIÓN

Pelar, cortar en cuartos y cocinar las patatas a fuego medio con agua y sal durante 30 **min. Escurrir y pasar por el pasapurés. Agrega la mantequilla, las yemas de huevo, la sal, la pimienta, la nuez moscada y el parmesano mientras está caliente. Dejar enfriar.**

Hacer bolitas a modo de croquetas y pasarlas por harina, huevo batido y pan rallado. Freír en abundante aceite hasta que estén doradas.

TRUCO

Antes de rebozar poner en el centro de la croqueta 1 **cucharadita de salsa de tomate y un trozo de salchicha fresca cocida. Son deliciosos.**

BUENAS PATATAS FRITAS

INGREDIENTES

1 kg de patatas tardías o semitardías (variedad ácida o monalisa)

1 litro de aceite de oliva

Sal

ELABORACIÓN

Pelar y cortar las patatas en bastones normales. Lávalas en abundante agua fría hasta que salga completamente transparente. secar bien

Calentar aceite en una sartén a fuego medio, unos 150ºC. Cuando empiece a burbujear ligeramente, pero constantemente, añadimos las patatas y pochamos hasta que estén muy blandas, con cuidado de no romperlas.

Sube el fuego al máximo con el aceite muy caliente y en diferentes tandas añade las patatas y mueve con una espumadera. Freír hasta que estén dorados y crujientes. Retirar, escurrir el exceso de aceite y sal.

TRUCO

Ambas temperaturas del aceite son importantes. Esto los hace muy suaves por dentro y crujientes por fuera. Agrega la sal al final.

HUEVOS FLORENTINA

INGREDIENTES

8 **huevos**

800 **g de espinacas**

150 **g de jamón curado**

1 **diente de ajo**

Salsa bechamel (ver apartado Caldos y Salsas)

Sal

ELABORACIÓN

Cuece las espinacas en agua hirviendo con sal durante 5 min. Refrescar y exprimir para que pierdan toda el agua. Cortar finamente y reservar.

Pica el ajo y sofríe durante 1 minuto a fuego medio. Agrega el jamón cortado en cubitos y cocina por 1 minuto más. Sube el fuego, agrega las espinacas y cocina otros 5 min. Luego divide las espinacas en 4 cazuelas de barro.

Vierta 2 de los huevos partidos encima de las espinacas. Salsa con la salsa bechamel y hornea durante 8 min a 170 ºC.

TRUCO

Se llama florentina a las elaboraciones realizadas con espinacas.

GUISADO DE PATATAS CON RAPE Y GAMBAS

INGREDIENTES

4 **patatas**

300 **g de rape limpio y deshuesado**

250 **g de gambas peladas**

½ **litro de caldo de pescado**

1 **vaso de vino blanco**

1 **cucharada de pulpa de pimiento choricero**

1 **cucharadita de pimentón**

8 **hebras de azafrán**

3 **rebanadas de pan tostado**

2 **dientes de ajo**

1 **cebolla**

Aceite de oliva

Sal y pimienta

ELABORACIÓN

Sofreír la cebolla y el ajo finamente picado a fuego lento durante 10 min. Añade las rebanadas de pan y dora. Añade el azafrán, el pimentón y el pimiento choricero. Saltear 2 min.

Escacha las patatas y agrégalas a la salsa. Saltear 3 min. Añadimos el vino y dejamos reducir por completo.

Bañar con el caldo y cocinar a fuego lento hasta que las patatas estén casi listas. Añadimos el rape cortado en trozos y las gambas peladas. Sazone y cocine 2 minutos más. Dejar reposar 5 min fuera del fuego.

TRUCO

Cachelar patatas significa partirlas en trozos uniformes sin cortarlas del todo. Esto hace que el caldo se espese.

HUEVOS AL ESTILO FLAMENCO

INGREDIENTES

8 **huevos**

200 **g de salsa de tomate**

1 **lata pequeña de pimientos del piquillo**

4 **cucharadas de guisantes cocidos**

4 **lonchas de jamón serrano**

4 **lonchas gruesas de chorizo**

4 **espárragos enlatados**

ELABORACIÓN

Dividir la salsa de tomate en 4 cazuelas de barro. Poner en cada uno 2 huevos cascados, y repartir en distintos montones los guisantes, el chorizo y el jamón cortados en trozos y los pimientos y los espárragos cortados en tiras.

Hornear a 190ºC hasta que los huevos estén ligeramente cuajados.

TRUCO

Se puede elaborar con butifarra e incluso con embutido fresco.

TORTILLA PAISANA

INGREDIENTES

6 **huevos**

3 **patatas grandes**

25 **g de guisantes cocidos**

25 **gramos de salchicha**

25 **g de jamón serrano**

1 **pimiento verde**

1 **pimiento rojo**

1 **cebolla**

Aceite de oliva

Sal y pimienta

ELABORACIÓN

Cortar la cebolla y los pimientos en trozos pequeños. Cortar las patatas peladas en rodajas muy finas. Saltear las patatas con la cebolla y los pimientos a fuego medio.

Saltear el chorizo y el jamón cortado en dados pequeños. Escurrir las patatas con la cebolla y los pimientos. Combina con el chorizo y el jamón. Agrega los guisantes.

Batir los huevos, sazonar con sal y pimienta y combinar con las patatas y el resto de ingredientes. Calienta bien una sartén mediana, agrega la mezcla anterior y cuaja por ambos lados.

TRUCO

Hay que cuajarlo poco, ya que con el calor residual se termina de hacer. De esta forma quedará más jugoso.

HUEVOS AL HORNO CON SALCHICHA Y MOSTAZA

INGREDIENTES

8 **huevos**

2 **salchichas ahumadas alemanas**

5 **cucharadas de mostaza**

4 **cucharadas de crema**

2 **pepinillos**

Sal y pimienta

ELABORACIÓN

Mezclar los pepinillos finamente picados con la mostaza y la nata.

Cortar finamente las salchichas en la base de 4 cazuelas de barro. Vierta la salsa de mostaza encima y luego 2 huevos cascados en cada uno. Estación.

Hornear a 180ºC hasta que las claras estén cuajadas.

TRUCO

Añade a la mezcla de mostaza y nata 2 cucharadas de parmesano rallado y unas ramitas de tomillo fresco.

TORTILLA DE PATATA EN SALSA

INGREDIENTES

7 **huevos grandes**

800 **g de patatas para freír**

1 **dl de vino blanco**

¼ **litro de caldo de pollo**

1 **cucharada de perejil fresco**

1 **cucharadita de pimentón**

1 **cucharadita de harina**

3 **dientes de ajo**

aceite de oliva virgen

Sal

ELABORACIÓN

Picar finamente los ajos y sofreír a fuego medio durante 3 minutos sin que se doren excesivamente. Agrega la harina y sofríe por 2 min. Agrega el pimentón y sofríe durante 5 segundos. Humedecer con el vino y dejar reducir por completo. Bañar con el caldo y cocinar durante 10 minutos a fuego lento, revolviendo de vez en cuando. Sazone con sal y espolvoree con perejil.

Pelar las patatas. Cortarlos a lo largo en cuartos y estos a su vez en rodajas finas. Freír hasta que estén suaves y ligeramente dorados.

Batir los huevos y sazonar con sal. Escurrir bien las patatas y añadirlas a los huevos batidos. Ajustar de sal.

Calentar una sartén, poner 3 cucharadas del aceite usado para freír las patatas y añadir la mezcla de huevos y patatas. Revuelva durante 15 s a fuego alto. Dale la vuelta con un plato. Vuelve a calentar la sartén y añade otras 2 cucharadas de aceite

de freír las patatas. Agrega la tortilla y dora a fuego alto durante
15 segundos. Sazona con sal y cocina a fuego lento durante 5 min.

TRUCO

Puedes aprovechar los caldos que sobran de guisos o arroces
para este tipo de recetas.

PURRUSALDA

INGREDIENTES

1 **kg de patatas**

200 **g de bacalao desalado**

100 **ml de vino blanco**

3 **puerros medianos**

1 **cebolla grande**

ELABORACIÓN

Cocer el bacalao en 1 litro de agua fría durante 5 min. Retirar el bacalao, desmenuzarlo y quitarle las espinas. Reserva el agua de cocción.

Cortar la cebolla en juliana y sofreírla en un cazo a fuego lento durante unos 20 minutos. Corta los puerros en rodajas ligeramente gruesas y añádelas a la cebolla. Escalfar otros 10 min.

Cachelar (rasgar, no cortar) las patatas y añadirlas al guiso cuando los puerros estén pochados. Saltear un poco las patatas, subir el fuego y mojar con el vino blanco. Deja que reduzca.

Bañar el guiso con el agua de la cocción del bacalao, sazonar con sal (debe quedar un poco sosa) y cocinar hasta que las patatas estén blandas. Añade el bacalao y cocina 1 minuto más. Sazona con sal y deja reposar tapado durante 5 minutos.

TRUCO

Convierte este guiso en una crema. Sólo es necesario triturar y colar. Delicioso.

PATATAS AL HORNO

INGREDIENTES

500 **g de patatas**

1 **vaso de vino blanco**

1 **cebolla pequeña**

1 **pimiento verde**

Aceite de oliva

Sal

ELABORACIÓN

Pelar y cortar las patatas en rodajas finas. Cortar la cebolla y el pimiento en juliana. Poner en una bandeja para hornear. Sal y unta bien con aceite. Remueve para que quede todo bien impregnado y cubre con papel de aluminio.

Asar a 160 ºC durante 1 h. Retirar, quitar el papel y bañar con la copa de vino.

Hornear descubierto a 200 ºC durante 15 min más.

TRUCO

Puedes sustituir el vino por ½ **vaso de agua**, ½ **vaso de vinagre y** 2 **cucharadas de azúcar.**

REVUELTO DE SETAS

INGREDIENTES

8 **huevos**

500 **g de champiñones, limpios y cortados en rodajas**

100 **g de jamón serrano en dados**

8 **rebanadas de pan tostado**

2 **dientes de ajo**

Aceite de oliva

ELABORACIÓN

Cortar los ajos en rodajas y dorarlos ligeramente junto con el jamón cortado en dados sin que tomen color. Subir el fuego, añadir las setas limpias y cortadas en rodajas y sofreírlas durante 2 min.

Agrega los huevos batidos, revolviendo constantemente, hasta que estén ligeramente cuajados y esponjosos.

TRUCO

No es necesario añadir sal, ya que el jamón serrano la aporta.

HUEVOS AL PLATO CON ANCHOAS Y ACEITUNAS

INGREDIENTES

8 **huevos**

500 **g de tomates**

40 **g de aceitunas negras deshuesadas**

12 **anchoas**

10 **alcaparras**

3 **dientes de ajo**

1 **cebolla tierna**

Orégano

Azúcar

Aceite de oliva

Sal

ELABORACIÓN

Picar finamente el ajo y la cebolla. Pochar a fuego lento durante 10 min.

Pelar, descorazonar y cortar los tomates en cubos pequeños. Agregue a la salsa de ajo y cebolla. Sube el fuego y cocina hasta que el tomate pierda toda su agua. Ajustar sal y azúcar.

Dividir el tomate en cazuelas de barro. Pon 2 huevos rotos y vierte encima el resto de los ingredientes picados. Hornear a 180ºC hasta que las claras estén cuajadas.

TRUCO

Añadir azúcar en recetas que utilizan tomate es para equilibrar la acidez que aporta.

PATATAS EN CREMA CON TOCINO Y PARMESANO

INGREDIENTES

1 **kg de patatas**

250 **g de tocino**

150 **g de queso parmesano**

300**ml de nata**

3 **cebollas**

Nuez moscada

Aceite de oliva

Sal y pimienta

ELABORACIÓN

Mezclar en un bol la nata con el queso, la sal, la pimienta y la nuez moscada.

Pelar y cortar las patatas y la cebolla en rodajas finas. Escalfar en una sartén hasta que estén tiernos. Escurrir y sazonar.

Por separado, dorar el bacon cortado en tiras y añadirlo a la sartén con las patatas.

Colocar las patatas en una fuente, cubrir con la mezcla de nata y hornear a 175ºC hasta que se graten por encima.

TRUCO

Esta receta también se puede preparar sin pochar las patatas. Lo único que tienes que hacer es hornearlos a 150ºC durante 1 hora.

HUEVOS COCIDOS

INGREDIENTES

8 **huevos**

Sal

ELABORACIÓN

Cocine los huevos a partir de agua hirviendo durante 11 min.

Refrescar con agua y hielo, y pelar.

TRUCO

Para que sea más fácil pelarlos, añade mucha sal al agua de cocción y pélalos inmediatamente después de enfriarlos.

PATATAS ARRUGADAS

INGREDIENTES

1 **kg de patatas pequeñas**

500 **gramos de sal gruesa**

ELABORACIÓN

Cocine las patatas en agua con sal hasta que estén tiernas. Deben quedar completamente cubiertos con un dedo extra de agua. Escurrir las patatas.

En la misma olla (sin lavar), agregamos nuevamente las papas y las ponemos a fuego lento, removiendo con cuidado hasta que se sequen. Es entonces cuando se crea una pequeña capa de sal sobre cada patata y su piel se arruga.

TRUCO

Son un acompañamiento perfecto para pescados salados. Prueba con un poco de pesto.

HUEVOS ESFRIDOS CON SETAS, GAMBAS Y AVES SALVAJES

INGREDIENTES

8 **huevos**

300 **g de champiñones frescos**

100 **g de gambas**

250 **ml de caldo de carne**

2 **cucharadas de Pedro Ximénez**

1 **cucharadita de harina**

1 **manojo de espárragos trigueros**

Aceite de oliva

1 **dl de vinagre**

Sal y pimienta

ELABORACIÓN

Escalfar los huevos en abundante agua hirviendo con sal y un buen chorrito de vinagre. Apagar el fuego, tapar la cacerola y esperar 3 o 4 minutos. La clara debe estar cocida y la yema líquida. Retirar, escurrir y sazonar.

Limpiar los espárragos y cortarlos por la mitad a lo largo. Dorarlos en una sartén a fuego alto, salar y reservar. Saltear las gambas peladas y sazonadas en el mismo aceite a fuego muy fuerte durante 30 segundos. Eliminar.

Dorar los champiñones laminados a fuego alto en la misma sartén durante 1 minuto, añadir la harina y sofreír un minuto más. Humedecer con el Pedro Ximénez hasta que reduzca y esté seco. Bañar con el caldo salado y llevar a ebullición.

Emplatar los espárragos, las gambas y las setas, y colocar encima los huevos. Salsa con salsa Pedro Ximénez.

TRUCO

Cuece el caldo con 1 ramita de romero hasta que alcance la mitad de su volumen.

REVUELTO DE PATATAS CON CHORIZO Y PIMIENTO VERDE

INGREDIENTES

6 **huevos**

120 **g de chorizo picado**

4 **patatas**

2 **pimientos verdes italianos**

2 **dientes de ajo**

1 **cebolla tierna**

Aceite de oliva

Sal y pimienta

ELABORACIÓN

Pelar, lavar y cortar las patatas en cubos medianos. Lavar bien hasta que el agua esté clara. Cortar en juliana la cebolla y los pimientos.

Freír las patatas en abundante aceite caliente y añadir los pimientos y la cebolleta hasta que las verduras estén doradas y tiernas.

Escurrir las patatas, la cebolleta y los pimientos. Dejamos apenas un poco de aceite en la sartén para que se dore el chorizo picado. Incorporar nuevamente las patatas con la cebolleta y los pimientos. Añade los huevos rotos y revuelve hasta que estén ligeramente cuajados. Condimentar con sal y pimienta.

TRUCO

Puedes sustituir el chorizo por morcilla, chistorra e incluso por butifarra.

PATATAS POBRES

INGREDIENTES

1 **kg de patatas**

3 **dientes de ajo**

1 **pimiento verde pequeño**

1 **pimiento rojo pequeño**

1 **cebolla pequeña**

Perejil fresco

Aceite de oliva

4 **cucharadas de vinagre**

Sal

ELABORACIÓN

Machacar los ajos con el perejil, el vinagre y 4 cucharadas de agua.

Pelar y cortar las patatas a modo de tortilla. Los sofreímos en abundante aceite caliente y añadimos la cebolla y los pimientos cortados en juliana fina. Continúe friendo hasta que esté ligeramente dorado.

Retirar y escurrir las patatas, la cebolla y los pimientos. Agrega el ajo machacado y el vinagre. Retirar y salar.

TRUCO

Es una guarnición perfecta para todo tipo de carnes, especialmente grasas como la de cordero y cerdo.

HUEVOS ESCALFADOS DEL GRAN DUQUE

INGREDIENTES

8 **huevos**

125 **g de queso parmesano**

30 **g de mantequilla**

30 **g de harina**

½ **litro de leche**

4 **rebanadas de pan tostado**

Nuez moscada

Vinagre

Sal y pimienta

ELABORACIÓN

Hacer una salsa bechamel friendo la harina en la mantequilla durante 5 minutos a fuego lento, agregar la leche sin dejar de remover y cocinar por otros 5 minutos. Condimentar con sal, pimienta y nuez moscada.

Escalfar los huevos en abundante agua hirviendo con sal y un buen chorrito de vinagre. Apagar el fuego, tapar la cacerola y esperar 3 o 4 minutos. Sacar y escurrir.

Poner el huevo escalfado sobre el pan tostado y rociar con la salsa bechamel. Espolvorear con parmesano rallado y dorar en el horno.

TRUCO

Cuando el agua esté hirviendo, hacemos remolinos con una varilla y añadimos inmediatamente el huevo. Con ello se consigue una forma redondeada y perfecta.

PATATAS CON COSTILLAS

INGREDIENTES

3 **patatas grandes**

1 **kg de costillas de cerdo marinadas**

4 **cucharadas de salsa de tomate**

2 **dientes de ajo**

1 **hoja de laurel**

1 **pimiento verde**

1 **pimiento rojo**

1 **cebolla**

Aceite de oliva

Sal

ELABORACIÓN

Partir y dorar las costillas en una olla muy caliente. Sacar y reservar.

Saltear en el mismo aceite los pimientos, el ajo y la cebolla cortados en trozos medianos. Cuando las verduras estén blandas añadimos la salsa de tomate y volvemos a añadir las costillas. Revuelva y cubra con agua. Agrega la hoja de laurel y cocina a fuego lento hasta que esté casi tierna.

Luego agrega las patatas al horno. Sazona con sal y continúa cocinando hasta que las patatas estén tiernas.

TRUCO

Cachelar las patatas significa romperlas con el cuchillo sin cortarlas del todo. Esto asegura que las patatas suelten su almidón y que los caldos queden más sustanciosos y espesos.

HUEVOS FRITOS EMPANADOS

INGREDIENTES

8 **huevos**

70 **g de mantequilla**

70 **g de harina**

Harina, huevo y pan rallado (para rebozar)

½ **litro de leche**

Nuez moscada

Aceite de oliva

Sal y pimienta

ELABORACIÓN

Calentar una sartén con aceite de oliva, sofreír los huevos dejando la yema cruda o muy poco cocida. Retirar, salar y quitar el exceso de aceite.

Hacer una bechamel friendo la harina en la mantequilla derretida durante 5 minutos. Agrega la leche revolviendo constantemente y cocina por 10 minutos a fuego medio. Sazone y sazone con nuez moscada.

Cubrir con cuidado los huevos con la bechamel por todos lados. Dejar enfriar en el frigorífico.

Pasar los huevos por harina, huevo batido y pan rallado y freírlos en abundante aceite caliente hasta que estén dorados.

TRUCO

Cuanto más frescos sean los huevos, menos salpicarán al freírlos. Para ello, sácalas del frigorífico 15 minutos antes de freírlas.

PATATAS CON AVELLANA

INGREDIENTES

750 **g de patatas**

25 **g de mantequilla**

1 **cucharadita de perejil fresco picado**

2 **cucharadas de aceite de oliva**

Sal y pimienta

ELABORACIÓN

Pelar las patatas y hacer bolitas con un punzón. Cocínalas en una olla con agua fría y sal. Cuando hiervan por primera vez esperar 30 **segundos y escurrir.**

Derretir la mantequilla con el aceite en una sartén. Agrega las patatas secas y escurridas y cocina a fuego medio-bajo hasta que las patatas estén doradas y tiernas por dentro. Sazona con sal, pimienta y agrega el perejil.

TRUCO

También se pueden hornear en el horno a 175ºC**, removiendo de vez en cuando, hasta que estén tiernas y doradas.**

HUEVOS DE MOLLET

INGREDIENTES

8 huevos

Sal

Vinagre

ELABORACIÓN

Cuece los huevos en agua hirviendo con sal y vinagre durante 5 min. Retirar y enfriar inmediatamente en agua helada y pelar con cuidado.

TRUCO

Para pelar fácilmente los huevos cocidos, añade mucha sal al agua.

PATATAS A LA RIOJANA

INGREDIENTES

2 **patatas grandes**

1 **cucharadita de pulpa de chorizo o pimiento de ñora**

2 **dientes de ajo**

1 **chorizo asturiano**

1 **pimiento verde**

1 **hoja de laurel**

1 **cebolla**

Pimientos

4 **cucharadas de aceite de oliva**

Sal

ELABORACIÓN

Saltear el ajo picado en el aceite durante 2 minutos. Añade la cebolla y el pimiento morrón cortados en juliana y sofríe durante 25 minutos a fuego medio-bajo (debe quedar del mismo color que si estuviera caramelizado). Añade la cucharadita de pimiento choricero.

Añade el chorizo picado y sofríe otros 5 min. Agrega las papas cacheladas y cocina por 10 minutos más, revolviendo constantemente. Sazonar con sal.

Agrega el pimentón y cubre con agua. Cocer junto con la hoja de laurel a fuego muy lento hasta que las patatas estén cocidas.

TRUCO

Puedes hacer una crema con lo que sobra. Es un aperitivo increíble.

PATATAS CON SEPIA

INGREDIENTES

3 **patatas grandes**

1 **kg de sepia limpia**

3 **dientes de ajo**

1 **lata de guisantes**

1 **cebolla grande**

Recursos pesqueros

Perejil fresco

Aceite de oliva

Sal

ELABORACIÓN

Cortar la cebolla, el ajo y el perejil en trozos pequeños. Saltear todo en una cacerola a fuego medio.

Una vez pochadas las verduras, subimos el fuego al máximo y salteamos la sepia cortada en trozos medianos durante 5 minutos. Cubrir con caldo de pescado (o con agua fría) y cocinar hasta que la sepia esté tierna. Sazonamos con sal y añadimos las patatas peladas y cacheladas y los guisantes.

Baja el fuego y cocina hasta que las patatas estén listas. Sazone con sal y sirva caliente.

TRUCO

Es muy importante saltear la sepia a fuego muy fuerte, sino quedará dura y poco jugosa.

TORTILLA DE CAMARONES AL AJILLO

INGREDIENTES

8 **huevos**

350 **g de gambas peladas**

4 **dientes de ajo**

1 **cayena**

Aceite de oliva

Sal

ELABORACIÓN

Cortar los ajos en rodajas y dorarlos ligeramente junto con la pimienta de cayena. Añade las gambas, la sal y retira del fuego. Escurrir las gambas, el ajo y la pimienta de cayena.

Calentar bien la sartén con el aceite de ajo. Batir y sazonar los huevos. Añadimos las gambas y los ajos, y cuajamos ligeramente enrollándolo sobre sí mismo.

TRUCO

Para evitar que la tortilla se pegue a la sartén, caliéntala bien antes de añadir el aceite.

PATATAS GUISADA CON BACALAO

INGREDIENTES

1 kg de patatas

500 g de bacalao desalado

1 litro de caldo

2 dientes de ajo

1 pimiento verde

1 pimiento rojo

1 cebolla

perejil fresco picado

Aceite de oliva

Sal

ELABORACIÓN

Picar finamente la cebolla, el ajo y los pimientos. Saltear las verduras a fuego lento durante 15 min.

Añade las patatas cacheladas (rasgadas, no cortadas) y sofríe 5 minutos más.

Bañar con el fumet a punto de sal y cocinar hasta que las patatas estén casi listas. Luego añade el bacalao y el perejil y cocina durante 5 min. Sazone con sal y sirva caliente.

TRUCO

Puedes añadir 1 vaso de vino blanco y un par de pimientas de cayena antes del fumet.

PURÉ DE PATATAS

INGREDIENTES

400 **g de patatas**

100 **g de mantequilla**

200**ml de leche**

1 **hoja de laurel**

Nuez moscada

Sal y pimienta

ELABORACIÓN

Cuece las patatas lavadas y cortadas con la hoja de laurel a fuego medio hasta que estén tiernas. Escurrir las patatas y pasarlas por un machacador de patatas.

Hervir la leche con la mantequilla, la nuez moscada, la sal y la pimienta.

Echar la leche sobre las patatas y batir con una varilla. Si es necesario, rectifica lo que falta.

TRUCO

Añade 100 g de parmesano rallado y bate con unas varillas. El resultado es delicioso.

TORTILLA DE FRIJOLES CON MORCILLA

INGREDIENTES

8 **huevos**

400 **g de habas**

150 **g de morcilla**

1 **diente de ajo**

1 **cebolla**

Aceite de oliva

Sal

ELABORACIÓN

Cuece los frijoles en agua hirviendo con un poco de sal hasta que estén tiernos. Colar y refrescar con agua fría y hielo.

Picar finamente la cebolla y el ajo. Rehogamos a fuego lento durante 10 minutos junto con la morcilla, con cuidado de no romperla. Agrega los frijoles y cocina 2 minutos más.

Batir los huevos y la sal. Añadimos las judías y cuajadas en una sartén muy caliente.

TRUCO

Para hacer un plato aún más espectacular, retira la piel de cada una de las judías nada más enfriarlas. Quedará una textura más fina.

Huevos revueltos

INGREDIENTES

8 **huevos**

100 **g de brotes de ajo**

8 **rebanadas de pan tostado**

8 **espárragos trigueros**

2 **dientes de ajo**

Aceite de oliva

Sal y pimienta

ELABORACIÓN

Cortar finamente los ajetes y los espárragos pelados. Cortar los ajos en rodajas y dorarlos ligeramente junto con los ajetes y los espárragos. Estación.

Agrega los huevos batidos, revolviendo constantemente hasta que cuajen un poco. Sirve los huevos revueltos sobre rebanadas de pan tostado.

TRUCO

Los huevos también se pueden hacer en un bol al baño maría a fuego medio, revolviendo constantemente. Tendrán una textura cremosa.

PATATAS GUISADA CON NUSCALES

INGREDIENTES

6 patatas grandes

500 g de rebozuelos

1 cucharadita rasa de pimentón dulce

1 diente de ajo

1 cebolla

½ pimiento verde

½ pimiento rojo

pimentón picante

Caldo de res (lo suficiente para cubrir)

ELABORACIÓN

Freír las verduras en trozos pequeños a fuego lento durante 30 min. Agrega las patatas cacheladas (desmenuzadas, no cortadas) y sofríe durante 5 minutos. Añade los rebozuelos limpios cortados en cuartos y sin tallo.

Rehogamos durante 3 minutos y añadimos el pimentón dulce y una pizca de pimiento picante. Cubrir con el caldo y sazonar con sal (debe quedar un poco suave). Cocine a fuego lento y ajuste de sal.

TRUCO

Retirar un par de patatas cocidas con un poco de caldo, triturar y volver a añadir al guiso para que espese la salsa.

TORTILLA DE BOLETUS Y GAMBAS

INGREDIENTES

8 **huevos**

400 **g de boletus limpios**

150 **g de camarones**

3 **dientes de ajo**

2 **cucharadas de aceite de oliva**

Sal y pimienta

ELABORACIÓN

Picamos finamente los ajos y los doramos un poco en una sartén a fuego medio.

Cortar los boletus en dados, subir el fuego y añadir a la sartén con ajos. Cocine 3 min. Añade las gambas peladas y sazonadas y pocha durante 1 minuto más.

Batir y salar los huevos. Añade los boletus y las gambas. Calentar muy bien una sartén con 2 cucharadas de aceite y cuajar la tortilla por ambos lados.

TRUCO

Cuando todos los ingredientes estén combinados añadimos un chorrito de aceite de trufa. una delicia

ARROZ caldoso con judías blancas y acelgas

INGREDIENTES

300 gramos de arroz

250 g de judías blancas

450 gramos de acelgas

½ litro de caldo de pollo

2 dientes de ajo

1 tomate rallado

1 cebolla

1 cucharadita de pimentón

10 hebras de azafrán

Aceite de oliva

Sal

ELABORACIÓN

Deja los frijoles en remojo la noche anterior. Cocine en agua fría sin sal hasta que estén tiernos. Reservar.

Limpiar y cortar las hojas de acelgas en trozos medianos. Limpiar, pelar y cortar las hojas en trozos pequeños. Cocine en agua hirviendo con sal durante 5 minutos o hasta que estén tiernos. Actualizar.

Cortar la cebolla y el ajo en trozos pequeños. Saltéalas en una cacerola a fuego lento. Añade el pimentón y el azafrán. Cocine 30 seg. Añade el tomate, sube el fuego y cocina hasta que el tomate pierda toda su agua.

Agrega el arroz y cocina por 2 minutos más. Añade al caldo de pollo, 250 ml del agua de la cocción de las judías y otros 250 ml del agua de la cocción de las acelgas. Sazone con sal y agréguelo al arroz. Cocina por 15 minutos, agrega las acelgas y los frijoles y cocina por 3 minutos más.

TRUCO

Al final de la cocción, remueve ligeramente el arroz para que suelte su almidón y espese el caldo.

ARROZ CON ATÚN FRESCO

INGREDIENTES

200 gramos de arroz

250 g de atún fresco

1 cucharadita de pimentón dulce

½ litro de caldo de pescado

4 tomates rallados

3 pimientos del piquillo

1 pimiento verde

2 dientes de ajo

1 cebolla

10 hebras de azafrán

Sal

ELABORACIÓN

Dorar el atún cortado en dados a fuego alto en una paellera. Retirar y reservar.

Cortar la cebolla, el pimiento verde y el ajo en trozos pequeños. Saltear a fuego lento en el mismo aceite que el atún durante 15 min.

Añadimos el azafrán, el pimentón, los pimientos del piquillo cortados en trozos medianos y los tomates rallados. Cocine hasta que el tomate pierda toda su agua.

Luego agrega el arroz y cocina otros 3 min. Bañar con el caldo salado y cocinar por 18 min. Aproximadamente 1 minuto antes de que el arroz esté listo, agrega nuevamente el atún. Dejar reposar 4 min.

TRUCO

Hay que tener cuidado a la hora de cocinar el atún. Si se hace en exceso quedará muy seco y sin apenas sabor.

ARROZ CON POLLO, TOCINO, ALMENDRAS Y PASAS

INGREDIENTES

300 gramos de arroz

175 g de tocino

150 g de almendras granuladas tostadas

75 g de pasas

700 ml de caldo de pollo

1 pechuga de pollo

10 hebras de azafrán

1 pimiento verde

1 pimiento rojo

1 diente de ajo

1 tomate rallado

1 cebolla tierna

Aceite de oliva

Sal y pimienta

ELABORACIÓN

Cortar la pechuga en trozos medianos, sazonar con sal y pimienta y dorar a fuego alto. Retirar y reservar. En el mismo aceite dorar el tocino cortado en cubitos. Retirar y reservar.

Cortar todas las verduras en trozos pequeños, excepto el tomate. Saltearlos a fuego lento durante 15 min. Añade el azafrán y el pimentón. Saltear 30 seg. Agrega el tomate rallado y cocina a fuego alto hasta que se evapore toda su agua.

Agrega el arroz y saltea durante 3 minutos, revolviendo constantemente. Agrega el pollo, las pasas y el tocino. Bañar con el caldo salado y cocinar por 18 min. Deja reposar 4 min y sirve con la almendra encima.

TRUCO

Para que las pasas queden más tiernas conviene hidratarlas en agua o en un poco de ron.

ARROZ CON BACALAO Y ALUBIAS BLANCAS

INGREDIENTES

200 gramos de arroz

250 g de bacalao desalado

125 g de judías blancas cocidas

½ litro de caldo de pescado

1 cebolla tierna

1 diente de ajo

1 tomate rallado

1 pimiento verde

10 hebras de azafrán

Aceite de oliva

Sal

ELABORACIÓN

Cortar la cebolla, el ajo y el pimiento en trozos pequeños y sofreír a fuego lento durante 15 min. Añade el azafrán y el tomate rallado y cocina hasta que apenas quede agua en los tomates.

Agrega el arroz y cocina 3 min. Añade el caldo a punto de sal y cocina durante unos 16 min. Añade el bacalao y las judías. Cocina 2 minutos más y deja reposar 4 minutos.

Se puede meter al horno al primer hervor para que el arroz quede completamente seco. 18 min a 200 ºC serán suficientes.

ARROZ CON BOGAVANTE

INGREDIENTES

250 gramos de arroz

150g de almejas

¾ l de caldo de pescado (ver apartado Caldos y Salsas)

1 langosta grande

1 cucharada de perejil picado

2 tomates rallados

1 cebolla

1 diente de ajo

10 hebras de azafrán

Aceite de oliva

Sal

ELABORACIÓN

Corta la langosta por la mitad. Purgar las almejas en agua fría con abundante sal durante 2 h.

Dorar el bogavante por ambos lados en un poco de aceite. Reserva y añade en el mismo aceite la cebolla y el ajo cortados en trozos pequeños. Saltear 10 min a fuego lento.

Añade el azafrán, cocina 30 segundos, sube el fuego y añade los tomates. Cocine hasta que el tomate pierda toda su agua.

Agrega el arroz y cocina 2 min. Bañar con el caldo hirviendo a punto de sal y cocinar otros 14 min. Agrega las almejas y la carne de langosta hacia abajo. Dejar reposar tapado 4 min.

123

TRUCO

Para que este arroz quede dulce hay que poner el triple de caldo que arroz. Y si quieres que quede caldoso hay que añadir cuatro veces más caldo que arroz.

ARROZ GRIEGO

INGREDIENTES

600 gramos de arroz

250 g de salchichas frescas

100 g de tocino en trozos pequeños

100 g de pimientos rojos

100g de cebolla

50 g de guisantes

1 litro de caldo de carne

1 hoja de laurel

1 ramita de tomillo

Sal y pimienta

ELABORACIÓN

Corta la cebolla y el pimiento rojo en trozos pequeños y sofríelos a fuego medio.

Cortar las salchichas en trozos y añadirlas a la cebolla y el pimiento fritos. Agrega el tocino y cocina 10 min.

Incorpora el arroz y añade el caldo a punto de sal, los guisantes y las hierbas. Sazona con sal y pimienta y continúa cocinando a fuego lento por otros 15 minutos.

Se pueden utilizar pimientos del piquillo; Le darán un toque de dulzura perfecto.

125

ARROZ EMPANADO

INGREDIENTES

600 gramos de arroz

500 g de tomates

250 g de champiñones limpios

150 g de mantequilla

90g de cebolla

75 g de parmesano rallado

1 litro y ¼ de caldo de carne

12 hebras de azafrán

Sal

ELABORACIÓN

Saltear la cebolla picada en la mantequilla durante 10 minutos a fuego lento. Agrega los tomates en trozos pequeños y sofríe por otros 10 minutos o hasta que los tomates pierdan toda el agua.

Agrega el arroz y sofríe por 2 min. Luego añade las setas partidas y el azafrán.

Agrega el caldo hirviendo a punto de sal y cocina por unos 18 minutos o hasta que el arroz esté suave. Agrega el queso y revuelve.

TRUCO

Si se tuesta ligeramente el azafrán en papel de aluminio y se pulveriza en un mortero con la sal, el azafrán se esparcirá uniformemente.

ARROZ CALDOSO DE MARISCOS

INGREDIENTES

500 g de arroz bomba o redondo

1 ½ litro de caldo de pescado

1 cebolla

1 pimiento rojo

1 pimiento verde

1 tomate grande rallado

2 dientes de ajo

8 hebras de azafrán

8 chipirones

Mariscos variados (langostinos, gambas, etc.)

Aceite de oliva

Sal

ELABORACIÓN

Preparar un caldo de pescado con espinas, cabezas de pescado y mariscos. Para ello, cuece todo durante 25 minutos a fuego lento con agua suficiente para cubrirlos durante la cocción. Colar y sazonar con sal.

Mientras tanto, picar la cebolla, los pimientos y los ajos y sofreírlos en un poco de aceite. Añade los chipirones picados y cocina a fuego alto durante 2 minutos. Añade el tomate rallado y cocina hasta que pierda su agua.

Agrega el arroz y sofríelo. Añade el azafrán, el fumet a punto de sal y cocina a fuego medio durante 18 min.

Añadir en los últimos 2 minutos los mariscos, bien limpios y pasados antes, si se desea, por la parrilla. Déjalo reposar durante 5 min.

TRUCO

Si al fumet se le añade un par de ñoras el caldo tendrá más sabor y un bonito color.

ARROZ TRES DELICIAS

INGREDIENTES

400 gramos de arroz

150 gramos de jamón cocido

150 g de guisantes

3 zanahorias

3 huevos

Aceite de oliva

Sal

ELABORACIÓN

Saltear el arroz en un poco de aceite y luego cocerlo en agua hirviendo con sal.

Mientras tanto, pelamos las zanahorias, las cortamos en trozos pequeños y las sofreímos a fuego alto. Cuece los guisantes durante 12 min en agua hirviendo con sal. Colar y enfriar.

Hacer una tortilla francesa con los 3 huevos. Corta el jamón cocido en dados y mézclalo con el arroz. Saltear 5 min a fuego lento. Agrega la zanahoria, los guisantes y la tortilla cortada en tiras finas.

TRUCO

Para esta receta utilice mejor arroz largo. Hay que cocinarlo con la cantidad justa de agua.

ARROZ LISO CON PERDIZ

INGREDIENTES

500 g de arroz bomba

2 perdices

1 cebolla

1 pimiento rojo

1 pimiento verde

1 zanahoria

2 dientes de ajo

2 cucharadas de tomate frito

1 hoja de laurel

Tomillo

brandy

Aceite de oliva

Sal y pimienta

ELABORACIÓN

Picar y sazonar las perdices. Dorarlos en una cacerola a fuego alto. Retirar y reservar. Saltear en el mismo aceite los pimientos, la cebolla, el ajo y la zanahoria, todo finamente picado.

Añadimos el tomate frito y el brandy, y dejamos reducir. A continuación añadimos el tomillo, el laurel y las perdices. Cubrir con agua y una pizca de sal y cocinar a fuego lento hasta que las perdices estén tiernas.

Cuando las perdices estén tiernas las retiramos del caldo y dejamos sólo 1 litro y medio del caldo de cocción en esa misma olla.

Poner el caldo a punto de sal y añadir el arroz y de nuevo las perdices. Cocine durante unos 18 minutos y revuelva ligeramente el arroz al final para que quede suave.

TRUCO

Esta receta se puede preparar de la noche a la mañana. Sólo quedará añadir el arroz.

RISOTTO DE SALMÓN Y ESPÁRRAGOS TRAJES

INGREDIENTES

240 g de arroz arbóreo

150 g de parmesano

600 cl de caldo de carne

1 vaso de vino blanco

2 cucharadas de mantequilla

4 espárragos trigueros

1 cebolla

4 lonchas de salmón ahumado

ELABORACIÓN

Saltear la cebolla picada en 1 cucharada de mantequilla durante 10 minutos a fuego lento. Agrega el arroz y cocina por 1 minuto más. Agrega el vino y deja que se evapore por completo.

Mientras tanto, corta los espárragos en rodajas pequeñas y sofríelos. Reservar

Hervir el caldo a punto de sal y añadir al arroz (debe quedar un dedo por encima del arroz). Cocine a fuego lento sin dejar de remover y agregue más caldo a medida que el líquido se evapore.

Cuando el arroz esté casi listo (déjalo siempre un poco caldoso), añade los espárragos salteados y el salmón ahumado en tiras.

Terminar con parmesano, la otra cucharada de mantequilla y revolver. Déjalo reposar 5 minutos antes de servir.

134

TRUCO

El vino también puede ser tinto, rosado o cava. El arroz se puede preparar con antelación. Para ello sólo es necesario cocinar el arroz durante 10 minutos, congelar hasta que se enfríe y reservar en el frigorífico. Cuando quieras prepararlo sólo necesitarás verter el caldo caliente y esperar a que el arroz esté listo.

ARROZ CON RAPE, GARBANZOS Y ESPINACAS

INGREDIENTES

300 gramos de arroz

250 g de garbanzos cocidos

250 g de espinacas frescas

450 g rape en trozos

750 ml de caldo de pescado

10 hebras de azafrán

2 dientes de ajo

1 cebolla tierna

1 tomate rallado

1 cucharadita de pimentón

Aceite de oliva

Sal y pimienta

ELABORACIÓN

Salpimentamos el rape y lo doramos en una paellera caliente. Reservar.

Picar finamente la cebolla y el ajo. Rehogamos a fuego lento durante 10 minutos en la misma paellera donde se ha cocido el rape. Agrega las espinacas partidas y cocina 3 minutos más.

Agrega el pimentón y el azafrán y cocina durante 30 segundos. Añade el tomate rallado y cocina hasta que pierda toda su agua.

Agrega el arroz y sofríe por 2 min. Bañar con el caldo salado y cocinar por 15 min. Añadimos el rape y los garbanzos, y cocinamos otros 3 minutos más.

136

TRUCO

El resto del arroz es fundamental. Hay que dejar al menos 4 min antes de servirlos.

ARROZ O CALDEIRO

INGREDIENTES

200 gramos de arroz

150 g de carne magra de cerdo

150 g de costillas de cerdo

¼ de conejo

¼ l de caldo de res o pollo

10 hebras de azafrán

2 tomates rallados

2 dientes de ajo

1 pimiento rojo pequeño

1 cebolla

Aceite de oliva

Sal y pimienta

ELABORACIÓN

Salpimentamos y doramos a fuego fuerte el cerdo, el conejo y las costillas troceadas. Retirar y reservar.

En el mismo aceite sofreímos suavemente la cebolla, el pimiento y el ajo cortado en dados pequeños durante 15 min. Añade el azafrán y los tomates rallados. Cocine hasta que el tomate haya perdido toda su agua.

Agrega el arroz y cocina 2 min. Bañar con el caldo salado y cocinar otros 18 min.

TRUCO

El arroz debe quedar pegajoso. Si no, añade un poco más de caldo al final de la cocción y remueve ligeramente.

ARROZ NEGRO CON CALAMAR

INGREDIENTES

400 gramos de arroz

1 litro de caldo de pescado

16 langostinos pelados

8 chipirones

1 diente de ajo

2 cucharadas de salsa de tomate

8 sobres de tinta de calamar

½ cebolla

½ pimiento verde

½ pimiento rojo

½ vaso de vino blanco

Aceite de oliva

Sal

ELABORACIÓN

Picar finamente la cebolla, los ajos y los pimientos, y sofreír todo en una paellera a fuego lento hasta que las verduras estén blandas.

Añadimos los chipirones limpios cortados en trozos medianos y sofreímos a fuego fuerte durante 3 minutos. Agrega la salsa de tomate y cocina 5 minutos más.

Añadimos el vino y dejamos reducir por completo. Añadimos los sobres de arroz y tinta, y sofreímos otros 3 min.

Agrega el caldo hirviendo a punto de sal y hornea a 200 ºC durante 18 min o hasta que esté seco. Añade las gambas en los últimos 5 minutos y déjalas reposar otros 5 minutos antes de servir.

TRUCO

Al final del arroz al horno es más fácil que salgan en su punto. Acompaña con un buen alioli.

ARROZ PILAF

INGREDIENTES

300 g de arroz de grano redondo

120 g de mantequilla

60 g de cebolla

600 ml de caldo de pollo (o agua hirviendo)

2 dientes de ajo

1 ramita de tomillo, perejil y laurel

ELABORACIÓN

Picar la cebolla y el ajo en brunoise y sofreírlos en la mantequilla sin que tomen color.

Cuando empiece a ponerse transparente añadir el bouquet garni y el arroz. Saltear hasta que el arroz quede bien impregnado de la grasa de la mantequilla. Humedecer con el caldo o agua hirviendo con sal y remover.

Cocinar durante unos 6 o 7 minutos a fuego alto, luego bajarlo al mínimo, tapar y seguir cocinando otros 12 minutos.

TRUCO

Se puede terminar en el horno durante 12 min a 200 ºC hasta que esté seco. Este arroz sirve como plato principal o como acompañamiento de carnes y pescados.

FIDEUÁ DE PESCADOS Y MARISCOS

400 g de fideos finos

350 g de tomates

250g rape

800 ml de caldo

4 gambas

1 cebolla pequeña

1 pimiento verde

2 dientes de ajo

1 cucharada de pimentón

10 hebras de azafrán

Aceite de oliva

Sal y pimienta

ELABORACIÓN

Dorar en una paellera o cacerola, bajar los fideos en aceite. Sacar y reservar.

En el mismo aceite sofreír las cigalas y el rape aliñado. Sacar y reservar.

En el mismo aceite sofreír la cebolla, el pimiento y el ajo cortado en trozos pequeños. Añade el pimentón, el azafrán y los tomates rallados y cocina durante 5 min.

Agrega los fideos y revuelve. Humedecemos con el fumet a punto de sal y cocinamos a fuego medio durante 12 minutos o hasta que el caldo se haya evaporado. Cuando queden 3 minutos para terminar de cocinarse añadimos las cigalas y el rape.

143

TRUCO

Acompaña con un alioli negro. Para hacerlo sólo es necesario hacer un alioli normal y mezclarlo junto con una bolsita de tinta de calamar.

PASTA PUTANESCA

INGREDIENTES

1 tarro de anchoas de 60 g

2 dientes de ajo

2 cucharadas de alcaparras

2 o 3 tomates grandes rallados

20 aceitunas negras deshuesadas

1 cayena

Azúcar

Orégano

parmesano

ELABORACIÓN

Saltear las anchoas troceadas en el propio aceite de la lata a fuego lento hasta que casi desaparezcan. Agrega el ajo picado en trozos muy pequeños y cocina a fuego lento durante 4 minutos.

Añade las alcaparras picadas, el tomate rallado y las aceitunas deshuesadas y cortadas en cuartos. Cocinar durante unos 10 minutos a fuego medio junto con la pimienta de cayena (retirar una vez cocida la salsa) y ajustar el azúcar si es necesario. Agrega orégano y parmesano al gusto.

Cocine cualquier tipo de pasta y agregue la putanesca encima.

Puedes poner en su preparación un poco de zanahoria rallada y vino tinto.

CANELONES DE ESPINACAS Y REQUESÓN

INGREDIENTES

500 g de espinacas

200 g de requesón

75 g de parmesano rallado

50 g de piñones tostados

16 platos de pasta

1 huevo batido

Salsa de tomate (ver sección Caldos y Salsas)

Salsa bechamel (ver apartado Caldos y Salsas)

Sal

ELABORACIÓN

Cuece los platos de pasta en abundante agua hirviendo. Retirar, enfriar y secar encima de un paño limpio.

Cuece las espinacas durante 5 min en agua hirviendo con sal. Escurrir y enfriar.

Mezclar en un bol los quesos, los piñones, las espinacas, el huevo y la sal. Rellena los canelones con la mezcla y dales forma cilíndrica.

Poner en una bandeja de horno una base de salsa de tomate, encima los canelones y terminar con una salsa bechamel. Hornear 40 min a 185 ºC.

Puedes utilizar cualquier tipo de queso para el relleno, y acompañarlo de uno de tipo Burgos para darle mayor textura y suavidad.

ESPAGUETIS A LA MARINERA

INGREDIENTES

400 g de espaguetis

500 g de almejas

1 cebolla

2 dientes de ajo

4 cucharadas de agua

1 tomate pequeño

1 vaso pequeño de vino blanco

½ guindilla

Aceite de oliva

Sal

ELABORACIÓN

Sumerge las almejas durante 2 horas en agua fría con abundante sal para limpiarlas bien de posibles restos de suciedad.

Una vez limpias, cocínalas en una olla tapada con 4 cucharadas de agua y la copa de vino. En cuanto se abran, retíralas y reserva el agua de cocción.

Saltear la cebolla y el ajo cortados en trozos pequeños durante 5 min. Agrega el tomate cortado en cubitos y cocina otros 5 min. Añade la guindilla y cocina hasta que esté todo bien pochado.

Subimos el fuego y añadimos el agua de la cocción de las almejas. Cocemos 2 minutos hasta que el vino haya perdido todo su alcohol y añadimos las almejas. Cocine otros 20 s.

Aparte cocer los espaguetis, colar y sin enfriar, sofreírlos con la salsa y las almejas.

149

TRUCO

También puedes añadir a este plato unos dados de rape, gambas o mejillones. El resultado es igual de bueno.

LASAÑA DE PASTA FRESCA FLORENTINA

INGREDIENTES

Para las láminas de pasta

100 g de harina

2 huevos

Sal

Para la salsa de tomate

500 g de tomates maduros

250 g de cebolla

1 diente de ajo

1 zanahoria pequeña

1 vaso pequeño de vino blanco

1 ramita de tomillo, romero y laurel

1 punta de jamón

Para la salsa mornay

80 gramos de harina

60 g de parmesano rallado

80 gramos de mantequilla

1 litro de leche

2 yemas de huevo

Nuez moscada

Sal y pimienta

Otros ingredientes

150 g de espinacas limpias

Parmesano rallado

Para las láminas de pasta

Disponer la harina en forma de volcán sobre la mesa y en el hueco central poner una pizca de sal y los huevos. Mezclar con los dedos.

Amasar con la palma de las manos, hacer una bola y dejar reposar en el frigorífico durante 30 minutos, cubriéndola con un paño húmedo. Estirar muy fina con un rodillo, porcionar, cocinar y enfriar.

Para la salsa de tomate

Cortar en juliana la cebolla, el ajo y la zanahoria y sofreírlos junto con la punta del jamón. Añadimos el vino y dejamos reducir. Agrega los tomates cortados en cuartos y las hierbas y tapa. Cocine por 30 min. Ajustar sal y azúcar. Retire las hierbas y el jamón y licue.

Para la salsa mornay

Preparar una bechamel (ver apartado Caldos y Salsas) con los pesos indicados anteriormente. Agrega las yemas y el queso fuera del fuego.

Para terminar

Cortar las espinacas en juliana fina y cocinar durante 5 minutos en agua hirviendo. Dejar enfriar y escurrir bien. Mezclar con la salsa Mornay.

Sirve la salsa de tomate en la base de un molde, luego pon la pasta fresca y termina con las espinacas. Repetir la operación 3 veces. Terminar con la salsa Mornay y el parmesano rallado. Hornear a 180ºC durante 20 min.

TRUCO

Para ahorrar tiempo puedes comprar láminas de lasaña.

ESPAGUETIS CON SALSA CARBONARA

INGREDIENTES

400 gramos de pasta

100 g de panceta

80 g de queso parmesano

2 huevos

Aceite de oliva

sal y pimienta negra

ELABORACIÓN

Cortar el tocino en tiras y dorar en una sartén caliente con un poco de aceite. Reservar.

Cuece los espaguetis en agua hirviendo con sal. Mientras tanto, bate las yemas de los 2 huevos y añade el queso rallado junto con una pizca de sal y pimienta.

Colar la pasta sin enfriar y sin dejar enfriar mezclar con los huevos batidos. Cocer con el propio calor de la pasta. Agrega la panceta y sirve con queso rallado y pimienta.

TRUCO

Las claras se pueden utilizar para hacer un buen merengue.

CANELONES DE CARNE CON BESAMEL DE SETAS

INGREDIENTES

300 g de champiñones

200 gramos de carne de res

12 platos de canelones o pasta fresca (100 g de harina, 1 huevo y sal)

80 g de parmesano

½ litro de leche

1 cebolla

1 pimiento verde

2 dientes de ajo

1 vaso de salsa de tomate

2 zanahorias

40 g de harina

40 g de mantequilla

vino blanco

Orégano

Nuez moscada

Sal y pimienta

ELABORACIÓN

Cortar las verduras en trozos pequeños y sofreír. Añade la carne y sigue sofriendo hasta que la ternera pierda su color rosado. Estación. Añadimos vino blanco y dejamos reducir. Agrega la salsa de tomate y cocina por 30 min. Agrega un poco de orégano y deja enfriar.

Aparte, hacer una bechamel con mantequilla, harina y leche y nuez moscada (ver apartado Caldos y Salsas). Luego saltea los champiñones y licúalos junto con la bechamel.

Cocer las placas de canelones. Rellenar la pasta con la carne y envolver. Salsa con la bechamel de champiñones y espolvorea con parmesano rallado. Hornear a 190ºC durante 5 min y gratinar.

TRUCO

Para evitar que se deshagan, partimos los canelones mientras estén siempre fríos. Luego sólo quedará calentar las porciones en el horno.

LASAÑA DE MERO Y CALAMAR

INGREDIENTES

para la bechamel

50 gramos de mantequilla

50 g de harina

1 litro de leche

Nuez moscada

Sal

salsa de pimienta

2 pimientos rojos grandes

1 cebolla pequeña

Aceite de oliva

Azúcar

Sal

Para el llenado

400 g de mero

250 g de calamares

1 cebolla grande

1 pimiento rojo grande

Platos de lasaña precocida

para la bechamel

Hacer una bechamel sofreír la harina con la mantequilla y añadir la leche. Cocina por 20 minutos sin dejar de revolver y sazona con sal y nuez moscada.

salsa de pimienta

Asa los pimientos y, cuando estén asados, déjalos reposar tapados durante 15 minutos.

Mientras tanto, sofreímos la cebolla cortada en juliana en abundante aceite. Pelar los pimientos, añadirlos a la cebolla y sofreír durante 5 minutos. Retirar un poco de aceite y triturar.

Rectificar sal y azúcar si es necesario.

Para el llenado

Sofreír la cebolla y el pimiento cortados en juliana, y añadir el mero. Pochar durante 3 minutos a fuego alto y añadir los calamares. Cocine hasta que estén tiernos.

Poner salsa bechamel en una bandeja para horno y encima una capa de pasta para lasaña. Rellenar con el pescado. Repetir la operación 3 veces.

Terminar con bechamel y hornear a 170 ºC durante 30 min.

Servir con la salsa de pimienta encima.

TRUCO

Si a la bechamel le añades un poco de zanahoria cocida y triturada quedará más sabrosa.

PAELLA MIXTA

INGREDIENTES

300 gramos de arroz

200 g de mejillones

125 g de calamares

125 g de camarones

700 ml de caldo de pescado

½ pollo picado

¼ de conejo, picado

1 ramita de romero

12 hebras de azafrán

1 tomate

1 cebolla tierna

½ pimiento rojo

½ pimiento verde

1 diente de ajo

Aceite de oliva

Sal y pimienta

ELABORACIÓN

Picar, sazonar y dorar el pollo y el conejo a fuego alto. Retirar y reservar.

Sofreír en el mismo aceite la cebolla, los pimientos y los ajos finamente picados durante 10 min. Añade el azafrán y sofríe durante 30 segundos. Añade el tomate rallado y cocina hasta que se pierda toda el agua. Subimos el fuego y añadimos los calamares picados. Cocine 2 min. Agrega el arroz, sofríe por 3 minutos y baña con el caldo salado.

Abrir los mejillones en una olla tapada con un poco de agua. En cuanto abran sacamos y reservamos.

Precalienta el horno a 200ºC y hornea por unos 18 minutos o hasta que el arroz esté seco. Añade las gambas en el último momento. Retirar y esparcir sobre los mejillones. Cubrir con un paño y dejar reposar 4 min.

TRUCO

A la hora de añadir sal a los caldos de arroz secos, añade siempre un poco más de sal de lo habitual.

LASAÑA DE VERDURAS CON QUESO FRESCO Y COMINO

INGREDIENTES

3 zanahorias grandes

2 cebollas grandes

1 pimiento rojo grande

1 berenjena grande

1 calabacín grande

1 tarrina de queso philadelphia

Queso rallado

comino molido

pasta para lasaña

salsa bechamel

ELABORACIÓN

Cortar las verduras en trozos pequeños y sofreírlas en este orden: zanahoria, cebolla, pimiento, berenjena y calabacín. Deja 3 min de diferencia entre cada uno de ellos. Una vez salteados, agrega queso y comino al gusto. Reservar.

Cuece la pasta de lasaña siguiendo las instrucciones del fabricante y mientras haces una salsa bechamel (ver apartado Caldos y Salsas).

En una bandeja apta para horno ponemos una capa de salsa bechamel, otra capa de pasta para lasaña y luego las verduras. Repite esta operación 3 veces, terminando con una capa de bechamel y queso rallado por encima. Hornear a 190 ºC hasta que el queso esté dorado.

TRUCO

Existe una amplia variedad de quesos frescos para untar. Se puede hacer con algo de cabrito, con hierbas, salmón, etc.

FIDEOS CON SALSA DE YOGUR Y ATÚN

INGREDIENTES

400 g de tallarines

50 g de parmesano

2 cucharadas de queso crema

1 cucharada de orégano

2 latas de atún en aceite

3 yogures

Sal y pimienta

ELABORACIÓN

Trituramos en un vaso de batidora el atún sin escurrir, el queso, los yogures, el orégano, el parmesano, la sal y la pimienta. Reservar.

Cocer la pasta en abundante agua con sal y escurrir sin enfriar. Con los fideos aún calientes, mezclar con la salsa y servir.

TRUCO

Puedes utilizar esta salsa para hacer una buena ensalada de pasta fría sin necesidad de mayonesa.

ÑOCCHIS DE PATATA CON QUESO AZUL Y SALSA DE PISTACHO

INGREDIENTES

1 kg de patatas

250 g de harina

150 g de nata

100 g de queso azul

30 g de pistachos sin cáscara

1 vaso de vino blanco

1 huevo

Nuez moscada

Sal y pimienta

ELABORACIÓN

Lavar las patatas y cocerlas con piel y sal durante 1 hora. Escurrir y dejar enfriar para poder pelarlos. Pasarlas por el pasapurés, añadir el huevo, sal, pimienta, nuez moscada y harina. Amasar hasta que no se pegue a las manos. Déjalo reposar durante 10 min. Luego, divide la masa en bolitas (ñoquis).

Cuece el queso azul en el vino y sigue revolviendo hasta que el vino se haya reducido casi por completo. Agrega la nata y cocina por 5 min. Sazona con sal y pimienta y agrega los pistachos.

Cuece los ñoquis en abundante agua hirviendo, cuela y sazona con la salsa.

TRUCO

Los ñoquis estarán cocidos cuando empiecen a flotar.

PASTA CARBONARA DE SALMÓN

INGREDIENTES

400 g de espaguetis

300 gramos de salmón

60 g de parmesano

200 ml de nata líquida

1 cebolla pequeña

2 huevos

Aceite de oliva

Sal y pimienta negra molida

ELABORACIÓN

Cuece los espaguetis en abundante agua con sal. Mientras tanto, ralla el queso y corta el salmón en trozos pequeños.

Dorar la cebolla con un poco de aceite y añadir el salmón y la nata. Cocine hasta que el salmón esté cocido y sazone con sal y pimienta. Una vez fuera del fuego añadimos los huevos y el parmesano rallado.

Sirve los espaguetis recién hechos junto con la carbonara.

TRUCO

Si a esta salsa le añades un poco de tocino será un relleno perfecto para unas berenjenas al horno.

FIDEOS CON BOLETUS

INGREDIENTES

400 g de tallarines

300 g de boletus limpios

200 g de nata líquida

1 diente de ajo

1 vaso de brandy

Sal

ELABORACIÓN

Cuece los fideos en abundante agua con sal. Colar y enfriar.

Dorar el diente de ajo finamente picado y añadir las setas laminadas. Cocine a fuego alto durante 3 min. Agrega el brandy y deja reducir hasta que esté casi seco.

Agrega la nata y cocina por 5 minutos más. Emplatar la pasta y la salsa.

TRUCO

Si no es temporada de boletus una gran opción son las setas deshidratadas.

BARBACOA DE PIZZA

INGREDIENTES

para la masa

250 g de harina fuerte

125 g de agua tibia

15 g de levadura fresca prensada

Aceite de oliva

Sal

Salsa de barbacoa

1 taza de tomate frito

1 taza de salsa de tomate

½ taza de vinagre

1 cucharadita de orégano

1 cucharadita de tomillo

1 cucharadita de comino

1 diente de ajo

1 lata de coca cola

1 cayena picada

½ cebolla

Aceite de oliva

Sal y pimienta

Otros ingredientes

Carne picada (al gusto)

Pechuga de pollo picada (al gusto)

Tocino picado (al gusto)

Quesos rallados variados

para la masa

Pon en un bol la harina con una pizca de sal y haz un volcán. Añade un chorrito de aceite, el agua, la levadura desmenuzada y amasa durante 10 minutos. Cubrir con un paño o film transparente y dejar reposar 30 min.

Una vez que la masa haya duplicado su volumen inicial, enharina la mesa de trabajo y estira dándole forma redondeada.

Salsa de barbacoa

Cortar la cebolla y el ajo en trozos pequeños y pochar. Agrega el tomate frito, el ketchup, el vinagre y cocina por 3 min. Agrega la cayena, el orégano, el tomillo y el comino. Remueve y vierte la lata de Coca-Cola. Cocinar hasta obtener una textura espesa.

Para terminar

Dorar la carne, el pollo y el tocino en una sartén.

Forrar una bandeja para horno con papel pergamino y colocar encima la masa estirada. Poner una capa de salsa barbacoa, otra de queso, otra con las carnes, otra de queso y terminar con una de salsa

Precalienta el horno a 200ºC y hornea la pizza durante 15 minutos aproximadamente.

No poner demasiado relleno encima porque eso impediría que la masa se hornee bien y quedaría cruda.

RISOTTO DE SALCHICHA BLANCA CON VINO TINTO Y RÚCULA

INGREDIENTES

240 g de arroz arbóreo (70 g por persona)

150 g de queso parmesano

100 g de rúcula fresca

600 ml de caldo de ternera o pollo

2 salchichas blancas alemanas

2 cucharadas de mantequilla

1 cebolla

1 diente de ajo

1 vaso de vino blanco tinto

Aceite de oliva

Sal

ELABORACIÓN

Pelar y cortar la cebolla y el diente de ajo en trozos pequeños. Saltee en 1 cucharada de mantequilla durante 10 min a fuego lento. Agrega el arroz y cocina por 1 minuto más. Agrega el vino y deja hasta que se evapore por completo.

Añadimos caldo hirviendo y punto de sal (debe quedar 1 dedo por encima del arroz). Revuelve constantemente y agrega más caldo a medida que se consume.

Cortar las salchichas en rodajas pequeñas y dorarlas en una sartén. Cuando el arroz esté casi listo y un poco caldoso añadimos las salchichas salteadas.

Terminar con parmesano, la otra cucharada de mantequilla y revolver. Dejar reposar 5 min. Poner encima la rúcula justo al momento de servir.

TRUCO

El mejor arroz para esta preparación es el arborio o carnaroli.

FIDEOS CON GAMBAS, CINTAS DE VERDURAS Y SOJA

INGREDIENTES

400 g de tallarines

150 g de gambas peladas

5 cucharadas de salsa de soja

2 zanahorias

1 calabacín

1 puerro

Aceite de oliva

Sal

ELABORACIÓN

Cuece los fideos en abundante agua hirviendo con sal. Colar y enfriar.

Mientras tanto, limpiamos y cortamos el puerro en palitos finos y alargados. Con un pelador de patatas, corte los calabacines y las zanahorias en rodajas.

Saltear las verduras en una sartén caliente con un poco de aceite durante 2 min. Añade las gambas y saltea otros 30 segundos. Agrega la soja y los fideos y cocina 2 minutos más.

TRUCO

No es necesario añadir sal a la salsa porque la soja ya tiene mucha.

ROSSEJAT DE FIDEOS CON SEPIA Y GAMBAS

INGREDIENTES

1 kg de sepia

400 g de fideos finos

1 litro de caldo de pescado

16 langostinos pelados

3 dientes de ajo

1 cucharada de pimentón

¼ litro de aceite de oliva

ELABORACIÓN

Cortar la sepia en trozos y dorarla en una paellera junto con los ajos. Reservar.

Freír bien los fideos con abundante aceite. Cuando estén dorados, retirar y colar.

Añade los fideos a la paellera, añade el pimentón y sofríe durante 5 segundos. Mojar con el fumet, añadir los ajos fritos y la sepia.

Cuando los fideos estén casi cocidos añadimos las gambas. Deja reposar 3 o 4 minutos y sirve caliente.

TRUCO

Lo más típico es acompañar este plato con salsa alioli.

174

FIDEOS CON LOMO DE CERDO CON CABRALES

INGREDIENTES

250 g de tallarines

200 g de queso Cabrales

125 ml de vino blanco

¾ litro de nata

4 filetes de lomo

Aceite de oliva

Sal y pimienta

ELABORACIÓN

Cortar el lomo en tiras finas. Sazone y dore en una sartén caliente. Reservar.

Poner el vino a reducir con el queso. Removiendo constantemente, agrega la nata y cocina por 10 minutos a fuego lento. Agrega el lomo y cocina 3 minutos más.

Cuece la pasta en abundante agua hirviendo con sal. Colar, pero no enfriar. Agrega la pasta a la salsa y revuelve 1 min.

TRUCO

Es preferible cocinar la pasta en el último momento, ya que así las salsas se adhieren mejor a ella.

COCIDO DE MONTAÑA

INGREDIENTES

200 g de judías blancas

200 g de costilla de cerdo

150 g de tocino fresco

100 g de chorizo fresco

1 cucharada de pimentón

2 patatas

1 oreja de cerdo

1 hueso de nudillo

1 manita de cerdo

1 morcilla

1 nabo

1 col

Sal

ELABORACIÓN

Deja los frijoles en remojo durante 12 horas.

Cuece toda la carne y el pimentón junto con los frijoles a fuego lento en agua fría durante 3 horas o hasta que estén tiernos. Retire las carnes cuando estén tiernas.

Cuando las judías estén casi cocidas añadimos el nabo y las patatas cortadas en trozos medianos y cocinamos durante 10 min.

Por separado, cocine las hojas de col cortadas en juliana hasta que estén blandas. Agrega al guiso y cocina por 5 minutos más. Ajustar de sal.

177

177

TRUCO

Picar y servir la carne en un bol, y presentar el guiso en una sopera.

HABAS DE TOLOSA

INGREDIENTES

500 g de judías de Tolosa

125 g de tocino

3 dientes de ajo

1 pimiento verde

1 cebolla

1 salchicha

1 morcilla

Aceite de oliva

Sal

ELABORACIÓN

Pon las judías en remojo durante 10 horas.

Cubrir las alubias con agua fría con el tocino, el chorizo y la morcilla. Cocine junto con ½ cebolla y un chorrito de aceite. Cocine durante unas 2 h a fuego muy lento.

Picar finamente el pimiento con el resto de la cebolla y el ajo. Escalfar lentamente durante 10 min y añadir a los frijoles. Sazona con sal y cocina por 3 minutos más.

TRUCO

Si el guiso se seca durante la cocción, agregue agua fría.

COCINADO DEL VALLE DE LIÉBANA

INGREDIENTES

300 g de garbanzos

500 g de morcillo

250 g de cecina

175 g de tocino veteado

3 patatas

3 salchichas

½ repollo

1 hueso de la cadera

1 hueso de la rodilla

Sal

ELABORACIÓN

Pon los garbanzos en remojo en agua caliente durante 12 horas.

Pon la carne en una olla grande y cocina a fuego lento durante 1 hora. Agrega los garbanzos y cocina otras 2 horas o hasta que las verduras estén casi blandas.

Luego añade la col cortada en juliana y las patatas medianas. Pon una pizca de sal.

Divida todas las carnes en porciones y sirva con el resto del guiso o por separado.

TRUCO

Utiliza garbanzos pequeños como lebaniegos o pedrosillanos. Si además se le añade una oreja o un morro de cerdo le da un toque más untuoso al guiso.

Frijoles Viuda

400 g de frijoles

1 cebolla pequeña

1 puerro pequeño

2 dientes de ajo

1 zanahoria

1 hoja de laurel

Sal

ELABORACIÓN

Pon las judías en remojo la noche anterior.

Poner en una olla las legumbres junto con la cebolla, el puerro, el ajo, la zanahoria y el laurel. Cubrir con agua fría y cocinar por 3 h o hasta que los frijoles estén suaves.

Una vez transcurrido el tiempo, retiramos todas las verduras, trituramos y volvemos a añadir a las judías. Pon una pizca de sal.

TRUCO

Para que el guiso quede un poco más espeso, licúa 1 cucharada de frijoles junto con las verduras y cocina por 5 minutos más.

COCIDO MADRID

INGREDIENTES

300 g de garbanzos

500 g de huesos de ternera (rodilla)

500 g de patatas peladas

500 g de morcillo

150 gramos de salchicha

150 g de tocino (tocino)

¼ de hueso de jamón

1 gallina pequeña

1 repollo pequeño

2 dientes de ajo

Pimientos

Fideos

ELABORACIÓN

Pon los garbanzos en remojo en agua tibia durante 12 horas.

Pon los huesos y la carne en una olla con agua fría. Al primer hervor desnatar bien.

Con el agua ya hirviendo, añadimos los garbanzos en una malla. Cocine hasta que estén tiernos. Retirar y cocinar el caldo hasta que las carnes estén suaves. Sácalos como están.

Aparte, cocer la col cortada en tiras y las patatas cacheladas.

A continuación, sofreímos la col con los dientes de ajo y el pimentón. Sirve el caldo con los fideos por un lado; y por otro, carnes en porciones, coles y patatas.

183

TRUCO

Añade en los minutos finales unas hojas de menta al caldo.

ESCUDELLA

INGREDIENTES

1 kg de garbanzos

250 g de salchicha blanca

250 g de salchicha negra

75 g de carne magra picada

75 g de carne magra de cerdo picada

2 huesos de jamon

2 huesos de rodilla de res

2 colillas de pollo

2 manitas de cerdo

½ gallina

4 zanahorias medianas

2 patatas grandes

1 puerro grande

1 rama de apio

1 diente de ajo

½ repollo pequeño

1 cucharada de pan rallado

1 huevo

Lealtad

Harina

Sal y pimienta

ELABORACIÓN

Deja los garbanzos en remojo en agua caliente durante 12 horas.

Agua hervida. Añade el puerro y la col limpios, las zanahorias peladas, las patatas y el apio, la gallina, las nalgas de pollo, los huesos y las manitas de cerdo. Desnatamos bien y añadimos los garbanzos metidos en una red. Cocine por 3 horas (agregue agua caliente si se evapora demasiado).

Combina la carne picada con el pan rallado, el huevo, el ajo finamente picado, sal y pimienta. Haz albóndigas con esta mezcla.

Colar el caldo del guiso, reservar ¼ ly cocinar en el resto las albóndigas enharinadas y las salchichas durante 45 min.

Cuece 4 puñados de fideos en el caldo reservado. Revisar y rectificar punto de sal. Servir por separado.

TRUCO

La pasta original de esta receta se llama galets.

FABADA

INGREDIENTES

500 gramos de frijoles

100 gramos de jamón

100 g de tocino

2 embutidos asturianos

2 morcillas asturianas

2 dientes de ajo

1 cebolla

Sal

ELABORACIÓN

Pon las judías a remojo en agua fría el día anterior. Remojar la carne en agua tibia el día anterior.

Pon en el cazo la misma agua de remojo y añade todos los ingredientes, incluida la cebolla y el ajo.

Cuando rompa a cocer, desespumar. Asustar 3 veces durante la cocción.

Cocine hasta que los frijoles estén tiernos. Ajustar de sal.

TRUCO

Si sobran frijoles, puedes hacer una crema de guiso de frijoles y caldo. Añade por encima las carnes finamente picadas salteadas con ajo.

HUMMUS DE GARBANZOS

INGREDIENTES

600 g de garbanzos cocidos

2 cucharadas de aceite de sésamo

1 cucharada de comino molido

2 dientes de ajo

jugo de un limón

Pimientos

15cl de aceite de oliva

Sal y pimienta

ELABORACIÓN

Triturar en un vaso de batidora los garbanzos, el comino, el ajo sin su germen central, el aceite de sésamo y el zumo de limón. Añade el aceite de oliva a hilo.

Condimentar con sal y pimienta. Emplatar y añadir una pizca de pimentón por encima.

TRUCO

Puedes hacer la misma receta pero con frijoles blancos. El resultado es delicioso.

LENTEJAS A LA LEONESA

INGREDIENTES

500 g de lentejas

700 g de cebolla

200 g de mantequilla

1 ramita de perejil

1 ramita de tomillo

1 hoja de laurel

1 cebolla pequeña

1 zanahoria

6 dientes

Sal

ELABORACIÓN

Saltear la cebolla cortada en juliana en la mantequilla a fuego lento. Tapar y cocinar hasta que esté ligeramente dorado.

Añade las lentejas, los dientes clavados en la cebolla pequeña entera, la zanahoria picada y las hierbas. Cubrir con agua fría.

Desnata y cocina a fuego lento hasta que la legumbre esté tierna. Ajustar de sal.

TRUCO

Es importante comenzar con una cocción a fuego alto para pasar a fuego medio, así evitaremos que se peguen.

LENTEJAS AL CURRY CON MANZANA

INGREDIENTES

300 g de lentejas

8 cucharadas de crema

1 cucharada de curry

1 manzana dorada

1 ramita de tomillo

1 ramita de perejil

1 hoja de laurel

2 cebollas

1 diente de ajo

3 dientes

4 cucharadas de aceite

Sal y pimienta

ELABORACIÓN

Cuece las lentejas en agua fría durante 1 hora junto con 1 cebolla, ajo, laurel, tomillo, perejil, clavo, sal y pimienta.

Aparte, sofreír en el aceite la otra cebolla con la manzana. Agrega el curry y revuelve.

Añade las lentejas a la cazuela de manzana y cocina 5 minutos más. Agrega la nata y revuelve con cuidado.

Si sobra lentejas se puede hacer una crema y acompañar con unas gambas salteadas.

POCHAS A NAVARRA

400 gramos de frijoles

1 cucharada de pimentón

5 dientes de ajo

1 pimiento verde italiano

1 pimiento rojo

1 puerro limpio

1 zanahoria

1 cebolla

1 tomate grande

Aceite de oliva

Sal

ELABORACIÓN

Limpiar bien los frijoles. Cúbrelos con agua en una olla junto con los pimientos, la cebolla, el puerro, el tomate y la zanahoria. Cocine unos 35 min.

Retire las verduras y pique. Luego agréguelos nuevamente al guiso.

Picar finamente los ajos y dorarlos en un poco de aceite. Retirar del fuego y añadir el pimentón. Se incorpora el rehome 5 a las alubias blancas. Ajustar de sal.

Al ser legumbres frescas el tiempo de cocción es mucho más corto.

LENTEJAS

INGREDIENTES

500 g de lentejas

1 cucharada de pimentón

1 zanahoria grande

1 cebolla mediana

1 pimiento grande

2 dientes de ajo

1 papa grande

1 punta de jamón

1 salchicha

1 morcilla

Tocino

1 hoja de laurel

Sal

ELABORACIÓN

Saltee las verduras finamente picadas hasta que estén ligeramente blandas. Agrega el pimentón y añade 1 ½ litro de agua (puedes sustituir por caldo de verduras o incluso caldo de carne). Añade las lentejas, la carne, la punta del jamón y la hoja de laurel.

Retiramos y reservamos el chorizo y la morcilla cuando estén blandos para que no se rompan. Continúe cocinando las lentejas hasta que estén listas.

Agrega la papa cortada en cubitos y cocina por 5 minutos más. Pon una pizca de sal.

195

TRUCO

Para darle un toque diferente, añade 1 rama de canela a las lentejas durante la cocción.

MUSAKA DE HABAS CON SETAS

INGREDIENTES

250 g de judías rojas cocidas

500 g de salsa de tomate casera

200 g de champiñones

100 g de queso rallado

½ vaso de vino tinto

2 berenjenas

2 dientes de ajo

1 cebolla grande

½ pimiento verde

½ pimiento amarillo

¼ de pimiento rojo

1 hoja de laurel

Leche

Orégano

Aceite de oliva

Sal y pimienta

ELABORACIÓN

Cortar las berenjenas en rodajas y ponerlas en leche con sal para que pierdan el amargor.

Aparte picar la cebolla, el ajo y los pimientos y sofreírlos en una sartén. Añade los champiñones y sigue salteando. Agrega el vino y deja reducir a fuego alto. Agrega la salsa de tomate, el orégano y la hoja de laurel. Cocine por 15 min. Retirar del fuego y agregar los frijoles. Estación.

Mientras tanto, escurrimos y secamos bien las rodajas de berenjena y las sofreímos en un poco de aceite por ambos lados.

Pon capas de frijoles y berenjenas en una fuente para horno hasta que se acaben los ingredientes. Terminar con una capa de berenjenas. Espolvorear con queso rallado y gratinar.

TRUCO

Esta receta queda exquisita con lentejas o con cualquier legumbre sobrante de otras preparaciones.

POTAJE DE VIGILIA

1 kg de garbanzos

1 kilo de bacalao

500 g de espinacas

50 g de almendras

3 litros de caldo

2 cucharadas de salsa de tomate

1 cucharada de pimentón

3 rebanadas de pan frito

2 dientes de ajo

1 pimiento verde

1 cebolla

1 hoja de laurel

Aceite de oliva

Sal

ELABORACIÓN

Deja los garbanzos en remojo durante 24 horas.

Sofreír la cebolla, el ajo y el pimiento cortados en cubos pequeños en una cacerola a fuego medio. Añadimos el pimentón, la hoja de laurel, la salsa de tomate y cubrimos con el caldo de pescado. Cuando empiece a hervir añadimos los garbanzos. Cuando estén casi tiernos añadimos el bacalao y las espinacas.

Mientras tanto, machaca las almendras con el pan frito. Licúa y agrega al guiso. Cocine 5 minutos más y ajuste de sal.

TRUCO

Los garbanzos hay que añadirlos a la olla con el agua hirviendo, de lo contrario quedarán duros y perderán la piel con mucha facilidad.

POCHAS CON BEBERBERECHOS

INGREDIENTES

400 gramos de frijoles

500 g de berberechos

½ vaso de vino blanco

4 dientes de ajo

1 pimiento verde pequeño

1 tomate pequeño

1 cebolla

1 puerro

1 cayena

perejil fresco picado

Aceite de oliva

ELABORACIÓN

Pon en una olla las judías, el pimiento, ½ cebolla, el puerro limpio, 1 diente de ajo y el tomate. Cubrir con agua fría y cocinar durante unos 35 minutos hasta que las verduras estén tiernas.

Aparte, sofreír a fuego alto la otra media cebolla, la pimienta de cayena y el resto de los dientes de ajo cortados muy pequeños. Añade los berberechos y baña con el vino.

Añade los berberechos con su salsa a las judías blancas, añade el perejil y cocina 2 minutos más. Ajustar de sal.

Sumerge los berberechos en agua fría con sal durante 2 horas para que suelten toda la tierra que puedan tener.

BACALAO AJOARRIERO

INGREDIENTES

400 g de bacalao desalado desmenuzado

2 cucharadas de pimiento choricero hidratado

2 cucharadas de salsa de tomate

1 pimiento verde

1 pimiento rojo

1 diente de ajo

1 cebolla

1 guindilla

Aceite de oliva

Sal

ELABORACIÓN

Corta en juliana las verduras y saltéalas a fuego medio-bajo hasta que estén muy blandas. A la sal.

Agrega las cucharadas del pimiento choricero, la salsa de tomate y la guindilla. Añade el bacalao desmenuzado y cocina 2 min.

TRUCO

Es el relleno perfecto para preparar una deliciosa empanada.

BEBERECHOS AL JEREZ AL VAPOR

INGREDIENTES

750 g de berberechos

600 ml de vino de jerez

1 hoja de laurel

1 diente de ajo

1 limon

2 cucharadas de aceite de oliva

Sal

ELABORACIÓN

Purgar los berberechos.

Añade 2 cucharadas de aceite a una sartén caliente y dora ligeramente el ajo picado.

Añadimos de golpe los berberechos, el vino, el laurel, el limón y la sal. Tapar y cocinar hasta que se abran.

Servir los berberechos con su salsa.

TRUCO

Purgar consiste en sumergir los bivalvos en agua fría con abundante sal para expulsar posibles arenas e impurezas.

TODO EL PEBRE DE RAPE CON GAMBAS

Para el caldo de pescado

15 cabezas y cuerpos de camarón

1 cabeza o 2 espinas de cola de rape o pescado blanco

Salsa de tomate

1 cebolla tierna

1 puerro

Sal

para el guiso

1 cola de rape grande (o 2 pequeñas)

cuerpos de camarones

1 cucharada de pimentón dulce

8 dientes de ajo

4 patatas grandes

3 rebanadas de pan

1 cayena

almendras sin pelar

Aceite de oliva

Sal y pimienta

Para el caldo de pescado

Hacer un caldo de pescado friendo los cuerpos de las gambas y la salsa de tomate. Añadimos las espinas o la cabeza de rape y las verduras cortadas en juliana. Cubrir con agua y cocinar por 20 min. Colar y sazonar con sal.

para el guiso

Dorar los ajos sin cortar en una sartén. Retirar y reservar. Saltear las almendras en el mismo aceite. Retirar y reservar.

Dorar el pan en el mismo aceite. Eliminar.

Machacar en un mortero los ajos, un puñado de almendras enteras sin pelar, las rebanadas de pan y la pimienta de cayena.

Sofreír el pimentón en el aceite de dorar los ajos, con cuidado de no quemarlo, y añadirlo al caldo.

Agrega las patatas al horno y cocina hasta que estén tiernas. Añade el rape sazonado y cocina durante 3 min. Agrega el puré y los langostinos, y cocina por 2 minutos más hasta que la salsa espese. Sazone con sal y sirva caliente.

Utilice sólo suficiente fumet para cubrir las patatas. El pescado más utilizado para esta receta es la anguila, pero se puede preparar con cualquier pescado carnoso como el cazón o el congrio.

COSTURA ASADA

INGREDIENTES

1 dorada limpia, eviscerada y desescamada

25 g de pan rallado

2 dientes de ajo

1 guindilla

Vinagre

Aceite de oliva

Sal

ELABORACIÓN

Salar y untar las doradas con aceite por dentro y por fuera. Espolvorea pan rallado por encima y hornea a 180ºC durante 25 min.

Mientras tanto, sofreír los ajos fileteados y la guindilla a fuego medio. Retiramos un chorrito de vinagre del fuego y aliñamos la dorada con esta salsa.

TRUCO

Cincelar consiste en hacer incisiones a lo ancho del pescado para que se cocine más rápido.

ALMEJAS MARINERA

INGREDIENTES

1kg de almejas

1 vaso pequeño de vino blanco

1 cucharada de harina

2 dientes de ajo

1 tomate pequeño

1 cebolla

½ guindilla

Colorante alimentario o azafrán (opcional)

Aceite de oliva

Sal

ELABORACIÓN

Sumerge las almejas durante un par de horas en agua fría con abundante sal para expulsar posibles restos de tierra.

Una vez limpias, cocer las almejas en el vino y en ¼ de litro de agua. En cuanto se abran retiramos y reservamos el líquido.

Cortar la cebolla, el ajo y el tomate en trozos pequeños y sofreírlos en un poco de aceite. Añade la guindilla y cocina hasta que esté todo bien pochado.

Agrega la cucharada de harina y cocina 2 minutos más. Bañar con el agua de la cocción de las almejas. Cocer 10 min y rectificar de sal. Agrega las almejas y cocina por un minuto más. Añade ahora el colorante o el azafrán.

El vino blanco se puede sustituir por uno dulce. La salsa es muy buena.

BACALAO CON PILPIL

INGREDIENTES

4 o 5 lomos de bacalao desalado

4 dientes de ajo

1 guindilla

½ litro de aceite de oliva

ELABORACIÓN

Dorar el ajo y la guindilla en el aceite de oliva a fuego lento. Retíralas y deja que el aceite pierda ligeramente temperatura.

Añade los filetes de bacalao con la piel hacia arriba y cocina durante 1 minuto a fuego lento. Dar la vuelta y dejar por 3 minutos más. Es importante que se cocine en el aceite, no que se fríe.

Retirar el bacalao, decantar poco a poco el aceite hasta que solo quede la sustancia blanca (gelatina) que desprende el bacalao.

Retiramos del fuego y con ayuda de un colador batimos con unas varillas o con movimientos circulares incorporando poco a poco el aceite decantado. Armar el pilpil durante 10 minutos sin dejar de revolver.

Cuando esté hecho volvemos a meter el bacalao y removemos un minuto más.

TRUCO

Para darle un toque diferente, infusiona un hueso de jamón o unas hierbas aromáticas en el aceite donde se va a cocinar el bacalao.

ANCHOAS REBOZADAS EN CERVEZA

INGREDIENTES

Anchoas limpias y sin espinas

1 lata de cerveza muy fría

Harina

Aceite de oliva

Sal

ELABORACIÓN

Pon la cerveza en un bol y añade harina, batiendo constantemente con unas varillas, hasta conseguir una textura espesa que apenas gotea al remojar la anchoa.

Freír en abundante aceite y al final sal.

TRUCO

Se puede utilizar cualquier tipo de cerveza. Con el negro sale espectacular.

CALAMAR EN SU TINTA

1 ½ kg de chipirones

1 vaso de vino blanco

3 cucharadas de salsa de tomate

4 sobres de tinta de calamar

2 cebollas

1 pimiento rojo

1 pimiento verde

1 hoja de laurel

Aceite de oliva

Sal y pimienta

Saltee la cebolla y el pimiento finamente picados a fuego lento. Cuando estén salteados añadimos los chipirones limpios y troceados. Sube el fuego y sazona.

Humedecer con el vino blanco y dejar reducir. Añadimos la salsa de tomate, los sobres de tinta de calamar y la hoja de laurel. Tapar y cocinar a fuego lento hasta que los calamares estén blandos.

Se pueden acompañar con una buena pasta o incluso con unas patatas fritas.

CLUB DEL BACALAO RANERO

INGREDIENTES

Bacalao al pil pil

10 tomates en rama maduros

4 pimientos chorizos

2 pimientos verdes

2 pimientos rojos

2 cebollas

Azúcar

Sal

ELABORACIÓN

Asa los tomates y los pimientos hasta que estén tiernos a 180ºC.

Una vez asados los pimientos, tapar durante 30 minutos, quitarles la piel y cortar en tiras.

Pelar y cortar en rodajas finas los tomates. Pocharlos junto con la cebolla cortada en tiras finas y la pulpa de los pimientos choriceros (previamente hidratados en agua caliente durante 30 min).

Agrega los pimientos asados cortados en tiras y cocina por 5 min. Ajustar sal y azúcar.

Calentar el pilpil junto con el bacalao y los pimientos.

Puedes poner el pilpil con los pimientos o poner estos como base, el bacalao encima y salsa con el pilpil. También se puede hacer con un buen pisto.

SUELA CON NARANJA

INGREDIENTES

4 soles

110 g de mantequilla

110 ml de caldo

1 cucharada de perejil fresco picado

1 cucharadita de pimentón

2 naranjas grandes

1 limón pequeño

Harina

Sal y pimienta

ELABORACIÓN

Derrita la mantequilla en una sartén. Enharinar y sazonar los lenguados. Dorarlos en la mantequilla por ambos lados. Añadimos el pimentón, el zumo de naranja y limón y el fumet.

Cocine durante 2 minutos a fuego medio hasta que la salsa espese un poco. Adorne con perejil y sirva inmediatamente.

TRUCO

Para sacarle más jugo a los cítricos, caliéntalos en el microondas durante 10 s a máxima potencia.

MERLUZA RIOJANA

INGREDIENTES

4 lomos de merluza

100 ml de vino blanco

2 tomates

1 pimiento rojo

1 pimiento verde

1 diente de ajo

1 cebolla

Azúcar

Aceite de oliva

Sal y pimienta

ELABORACIÓN

Picar finamente la cebolla, los pimientos y el ajo. Saltear todo en una sartén a fuego medio durante 20 min. Subir el fuego, mojar con el vino y dejar reducir hasta que esté seco.

Agrega los tomates rallados y cocina hasta que pierdan toda su agua. Rectificar sal, pimienta y azúcar si está ácido.

Saltear los lomos en una plancha hasta que estén dorados por fuera y jugosos por dentro. Acompaña con las verduras.

TRUCO

Salar la merluza 15 minutos antes de cocinarla para que la sal se reparta más uniformemente.